W0095661

d

# Sławomir Mrożek

# Das Leben für Fortgeschrittene

Ein überflüssiges ABC

Mit Zeichnungen
von Chaval

Herausgegeben
von Daniel Keel und
Daniel Kampa

Diogenes

Nachweis am Schluß des Bandes
Umschlagzeichnung von Chaval

# Inhalt

## Die Kandidatur

An den Allerhöchsten Staatsrat:
Hiermit kandidiere ich für den Grabposten des Unbekannten Soldaten.

Als Unbekannter habe ich hervorragende Qualifikationen, weil mich niemand kennt. Alle wissen, wer Elvis Presley war, oder die Beatles oder Mick Jagger, aber über mich ist nichts bekannt. Wenn der Allerhöchste Rat das nicht glaubt, dann können Sie fragen, wen Sie wollen, jeder wird dem Allerhöchsten Rat bestätigen, daß niemand je von mir gehört hat.

Ich habe sogar versucht, berühmt zu werden, und habe einmal auf einer Hochzeit einen halben Liter Wodka in fünf Minuten ausgetrunken. Aber mir ist schlecht geworden, und ein Krankenwagen hat mich abgeholt, und sie haben mir den Magen ausgepumpt. Danach habe ich mir eine Zeitung gekauft, weil ich dachte, da wäre vielleicht eine Notiz in der Rubrik ›Kleine Unfälle‹, aber es war nichts drin.

Ich habe dann lange nachgedacht, warum es so ist, und jetzt weiß ich es. Ich habe ein sehr großes Talent dazu, unbekannt zu sein, und deshalb kann ich kein anderes Talent haben.

Als Soldat habe ich die Kategorie C, aber nur in der Reserve. Aber darum geht es ja auch nicht, der Unbekannte Soldat muß ja nicht die Kategorie A haben, Hauptsache, er ist sehr unbekannt, und das kann ich wirklich garantieren, da darf der Allerhöchste Rat ganz beruhigt sein. Es wird nie einen Skandal geben, wenn eine ausländische Delegation anreist, um einen Kranz am Grab des

Unbekannten Soldaten niederzulegen, denn im Ausland bin ich noch weit unbekannter als bei uns im Lande. Diskretion wird zugesichert, und ich werde auch zufrieden sein, wenn ich im Lande und im Ausland berühmt werde, wenn auch als völlig Unbekannter. Und warum sollte man ein solches Talent vergeuden?

Meinen Namen und meine Adresse füge ich aus verständlichen Gründen nicht bei. Ich warte gern auf Ihre positive Antwort.

## Das Dreieck

Wir sollten uns trennen«, sagte ich. »Schluß mit dieser Geschichte. Wir sind schon lange beieinander, haben viele Abenteuer zusammen erlebt, doch nun ist es genug, wir haben uns gegenseitig satt. Wozu das verheimlichen? Ich kann euch nicht mehr riechen.«

»Tut mir leid«, sagte der Fuchs, »aber ich bin's, der dich nicht mehr riechen kann. Und ihn auch nicht«, setzte er hinzu und wies auf den Hahn.

»Und ich weder ihn noch dich«, sprach der Hahn.

»Ich habe gesagt: gegenseitig. Das erste

schließt das zweite nicht aus, das zweite nicht das dritte und das dritte nicht das erste. Punktum, wir alle haben unsere Gesellschaft satt. Es bleibt uns nur auseinanderzugehen.«

»Gut«, stimmte der Fuchs zu, »aber wer verläßt wen?«

»Genau«, bestätigte der Hahn. »Einverstanden, aber wer geht als erster weg?«

»Niemand geht als erster weg. Wir gehen gleichzeitig auseinander.«

»Unmöglich«, sagte der Fuchs.

»Warum?«

»Wenn wir alle gleichzeitig auseinandergehen, wer bleibt dann hier, um festzustellen, daß wir nicht mehr da sind?«

»Das ist's. Jemand muß hierbleiben, um das festzustellen.« Damit unterstützte der Hahn den Fuchs.

»Dann bleibe ich hier.«

»O nein«, widersetzte sich der Hahn. »Du bleibst hier, als wäre nichts geschehen, und ich soll weggehen? Kommt nicht in Frage.«

»Das wäre auch in bezug auf mich unge-
recht«, warnte der Fuchs.

»Dann gehe eben ich weg, und ihr bleibt
hier.«

Der Hahn warf einen Blick auf den Fuchs,
der Fuchs auf den Hahn.

»Und ich soll weiter diese Fuchsschnauze
anschauen?«

»Und ich soll weiter diesen dummen
Schnabel anschauen?«

»Nun, dann laßt uns alle gemeinsam hierbleiben.«

»Ja, das ist der einzige Ausweg«, sagte der
Hahn nach kurzem Schweigen.

»Ja, das ist die einzige Möglichkeit«, gab
der Fuchs nach kurzem Überlegen zu.

»Wer aber geht nun woandershin?« fragte
ich.

»Mach dir keine Sorgen«, sprach der
Fuchs. »Wir werden zwar gemeinsam hierbleiben, werden dafür aber nicht woanders
sein.«

## *So macht man das nicht*

In der Zeitung habe ich gelesen, daß über uns Satelliten fliegen. Mit bloßem Auge kann man sie nicht sehen, selbst durch ein Fernrohr nicht, weil sie im Kosmos fliegen. Aber sie sehen uns. Was schlimmer ist, sie fotografieren alles auf der Erde – und das mit einer solchen Genauigkeit, daß alles, was nicht weniger als einen halben Meter lang oder breit ist, auf dem Foto so genau herauskommt, als ob dieses Foto ein Cousin bei der Namenstagsfeier oder bei der Hochzeit gemacht hätte. ›Man braucht sich keine Sorgen zu machen‹, dachte ich, ›meine Fresse ist weniger als einen halben Meter lang.‹

Nichtsdestotrotz begann ich die Sache zu verfolgen. Meine Fresse kann sich entzünden und anschwellen, oder – was Gott verhüten möge! – jemand haut mir auf die Schnauze, und dann bin ich so auf dem Foto.

Irgendwie aber hat mein Gebiß gehalten, und bis jetzt hat mich niemand verprügelt. Aber was hilft's! Eines Tages erfuhr ich beim Zeitunglesen, daß sie die Satelliten verbessert haben und daß sie jetzt sogar das fotografieren können, was weniger als einen halben Meter und mehr als dreißig Zentimeter lang ist.

›Was soll's‹, dachte ich. ›Man muß sich wenigstens einmal in der Woche rasieren. Das Risiko bleibt, daß es auf dem Foto gräßlich aussieht.‹

Ich rasiere mich nicht gern, aber ich habe auch meinen Stolz, also habe ich mich einmal, sogar zweimal in der Woche rasiert, besonders bevor ich in die Stadt ging.

Aber dann berichtete die Presse, daß die

Technik Fortschritte gemacht habe und daß nun überhaupt alles, ohne Rücksicht auf die Größe, fotografiert werden könne. Um mit der Technik mitzuhalten, mußte ich mich täglich rasieren und einen neuen Schlips kaufen, was eine unvorhergesehene Ausgabe war. Meine Schuhe putzte ich ebenfalls, und überhaupt mußte ich aufpassen, um jetzt jeden Tag so auszusehen wie vorher nur am Sonntag. Allein die Rasierklingen und die Schuhcreme kosteten mich siebenmal mehr als vor der Technik.

Als ich mein Gesuch für die Rente einreichte, sollte ich ein Foto beilegen. Ich dachte mir: ›Wieso soll ich zum Fotografen gehen und wieder bezahlen, wenn sie jede Menge Fotos von mir haben?‹ Also schrieb ich an die Vereinten Nationen, sie sollten mir eins schicken. Ich denke, eins steht mir doch zu. Oder? – Aber ich bekam keine Antwort. Ich wartete und wartete, und nichts geschah. Aber das Gesuch mußte termingerecht abgegeben werden, sonst würde ich keine Rente bekommen.

Ich ging zum Fotografen, ließ mir ein Foto machen, zahlte aus eigener Tasche und reichte mein Gesuch ein. Dann stieg ich in die Straßenbahn und fuhr bis zur letzten Station. Von dort aus ging ich lange zu Fuß, bis ich mich auf freiem Feld befand. Ich sah mich um, kein Mensch weit und breit, nur ein paar Kühe, aber weit weg. Ich ließ die Hosen herunter und streckte meinen Hintern in Richtung Himmel.

Sollen die ruhig wissen, was ich von ihnen halte.

## *Museum*

Unser Hund war entlaufen, und das Kind war untröstlich, weil es den Hund sehr liebte. Also nahm ich das Kind mit zum Hausmuseum eines berühmten Schriftstellers. Es könnte sich ablenken und sich gleichzeitig bei der Gelegenheit bilden.

Ich kaufte Eintrittskarten, dann warteten wir, bis sich eine Besuchergruppe zusammenfand und der Museumsführer uns in die Zimmer des Schriftstellers führte. Denn der Schriftsteller war vor hundert Jahren gestorben, und das Museum war seine Wohnung, die man in ein Museum umgewandelt hatte.

Neben der Kasse war ein Kiosk mit

Büchern, die der Schriftsteller geschrieben hatte. Bücher, wie Bücher eben sind, nichts Interessantes.

Die Gruppe sammelte sich, und der Führer brachte uns ins Vorzimmer.

»Rechts das Bad«, informierte der Führer.

Wir sahen in das Bad, denn die Tür war offen, nur daß man nicht rein durfte, weil der Eingang mit einer roten Brokatkordel versperrt war. Auf dem Waschbecken eine Seifenschachtel und darin Seife. Auf der Seife eine Tafel: ›Die Lieblingsseife des Schriftstellers‹.

»Darf man daran riechen?« fragte eine Dame.

»Verboten«, verkündete der Führer. »Aber die Forscher haben festgestellt, daß er sich täglich gewaschen hat.«

»Die Ohren auch?« fragte das Kind entsetzt.

»Sei still«, rügte ich den Kleinen. »Stör die Erwachsenen nicht bei der Besichtigung. Na

sicher auch die Ohren. Wenn du dir die Ohren wäschst, dann wirst du auch ein berühmter Schriftsteller.«

Danach kam der Salon und das Schlafzimmer. Möbel aus Nußbaum, ganz gut, aber nichts Besonderes. Die Dame wollte die Matratze ausprobieren, aber das war auch verboten, sogar bei Nachzahlung.

»Das Studierzimmer des Schriftstellers«, gab der Museumsführer bekannt und ließ uns vorgehen.

Am Schreibtisch saß der Schriftsteller in Lebensgröße. Er sah aus wie echt; war wohl aus Wachs; im Schlafrock. Er hielt eine Feder in der Hand, und auf dem Schreibtisch lag beschriebenes Papier: »Eine Handschrift, denn er schrieb mit der Hand«, erklärte der Museumsführer. »Das haben die Forscher festgestellt. Hier wird vorgestellt, wie er seine berühmtesten Verse schreibt. Erinnern Sie sich? *Mein Volk, als ich in deinen Armen, wie ein Kind gewiegt, trank deinen Geist...*«

»Sieh mal, Papa!« schrie das Kind. »Genau wie bei uns!«

Ich sah hin. Tatsächlich, unter dem Schreibtisch stand eine leere Wodkaflasche.

»Die haben die Maler nach der Renovierung stehengelassen«, erklärte der Museumsführer. »Das gehört nicht zu den Ausstellungsstücken.«

In diesem Augenblick entdeckte ich eine Inschrift auf der Glatze des Schriftstellers: »Ich war hier. Kazik.«

›Sicher hat er sich sogar Notizen gemacht, wenn er kein Papier zur Hand hatte‹, dachte ich. ›Ein echter Schriftsteller. Aber was ist hier unten?‹

Unten auf der Glatze war eine zweite Notiz: »Na und was weiter, du Scheißer?« Und eine Unterschrift: »Ein Literaturliebhaber.«

›Das hat er ja wohl kaum selber geschrieben‹, dachte ich. ›Eine ganz andere Schrift.‹

Ich sah mich um. Das Kind war damit beschäftigt, Schubladen aufzumachen, und der

Museumsführer damit, das nicht zuzulassen. Währenddessen fotografierte die Dame, und andere stritten sich darüber, ob es eine Eigentumswohnung oder eine Mietwohnung war. Der Museumsführer konnte nichts aufklären, weil er das Kind verfolgte, das auf dem Fußboden langschlidderte, der wunderbar gebohnert war wie immer im Museum. Ich nahm einen Kugelschreiber und schrieb unter den ›Literaturliebhaber‹: »Hund entlaufen. Gegen Belohnung abzugeben bei…« Und die Adresse.

Eine Menge Leute gehen in dieses Museum, und jeder wird es lesen. Vielleicht findet sich der Hund.

## Sparsamkeit

Der Präsident empfahl uns zu sparen, und um mit gutem Beispiel voranzugehen, schob er den zweiten Sessel aus seinem Arbeitszimmer. »Nichts zu machen«, sagte er. »Ich muß mit der Sekretärin auf einem Sessel Platz finden. Es wird eng für uns werden, aber wir sparen ein Möbelstück, das Holz ist jetzt so teuer. Was seht ihr für Reserven?«

Wir berieten und berieten uns... Reserven sahen wir keine. Jeder will leben.

Schließlich analysierten wir den Boten. Man könnte den, der da ist, auswechseln und an seiner Stelle einen einbeinigen Invaliden einstellen. Allein an den Beinen ergäbe sich eine Einsparung für das Unternehmen von fünfzig Prozent.

Leider gab es in unserer Ortschaft keinen Einbeinigen. Ohne Zähne, ohne Blinddarm, bitte sehr, aber einen Einbeinigen nicht mal auf ärztliches Attest. Unsere Gesellschaft ist zweibeinig, und manche laufen sogar auf vier Beinen. Total genommen ist die Anzahl der Beine eine gerade Zahl.

Wir fragten im Krankenhaus nach, aber es war keine Amputation vorgesehen, trotz der fortschreitenden Motorisierung.

Wir gaben eine Anzeige in der Zeitung auf: »Bote gesucht, für sofort. Verlangt wird ein Bein und die mündliche Kenntnis der polnischen Sprache.« Es meldete sich ein Einheimischer, der hatte zwar ein Bein, aber war stumm.

Also gaben wir eine Anzeige in der Kreiszeitung auf. Da meldeten sich zwei, jeder mit einem Bein. Wir nahmen den, der das kürzere Bein hatte. Wenn schon sparsam, dann ganz sparsam.

Der sitzt jetzt in der Portierloge und trinkt Tee. Und wenn wir was in der Stadt zu erledigen haben, geht jeder selber los und erledigt das allein. Wie sollte es anders gehen? Einen Krüppel quälen?!

Vor allem, da man unterwegs mal auf ein Bier einkehren kann.

## *Praxis*

Ich begegnete meinem Nächsten, der mir ganz ohne Grund eins in die Schnauze schlug. Ich wollte es ihm zurückgeben, doch das Gute gewann die Oberhand, ich beherrschte mich, wandte ihm meine rechte Backe zu und sagte: »Jetzt bitte auf diese Seite.«

»Was denn, sind Sie Masochist?«

»Nein, Christ.«

»Macht nichts. Ich persönlich habe nichts gegen Christen.«

»Sie haben mich falsch verstanden. Das christliche Gebot lautet: Wer dich schlägt auf eine Backe, dem biete die andere auch dar.«

»Damit es weniger schmerzt?«

»Nein, nur damit er weiter schlägt. Das heißt als Zeichen der Demut. Sie verstehen.«

»Nein. Aber letzten Endes ist das nicht meine Sache.«

»Also schlagen Sie zu. Auf die rechte, denn auf die linke haben Sie schon geschlagen.«

»Ich habe keine Lust mehr.«

»Tun Sie es trotzdem für mich... Verstehen Sie, da ich mich schon auf dem Pfade der Tugend befinde, möchte ich etwas davon haben. Sonst ist alles für die Katz, es wird dann bloß heißen, ich hätte eins in die Schnauze bekommen, und fertig. Ganz normal, ohne jedes Verdienst.«

»Ich bin müde.«

»Nur noch einmal, der Vollständigkeit halber. Versetzen Sie sich in meine Lage, halbe Ergebnisse sind keine Ergebnisse, und ich habe bereits fünfzig Prozent investiert.

Entweder auf beide Backen, oder es kommt auf null heraus.«

»Na schließlich ... kann ich ja. Aber auf die rechte, das ist ungeschickt. Ich bin doch kein Linkshänder.«

»Dann vielleicht mit dem Fuß?«

»Mit dem Fuß auf die Backe? Sie überschätzen mich. Da reiche ich nicht hin.«

»Ich könnte mich vorbeugen.«

»Aber dann kann ich nicht Schwung holen. Und außerdem, wenn es Ihnen um die Symmetrie geht, ist das mit dem Fuß nicht dasselbe wie mit der Hand. Ein anderer Schlag.«

»Vielleicht fangen wir dann noch einmal von vorne an? Diesmal ausschließlich mit dem Fuß.«

»Wie denn?«

»Ich drehe mich um, Sie treten mich, dann drehe ich mich wieder um, und Sie treten mich noch einmal.«

»Sie sind sehr naiv. Jedes Kind weiß, daß

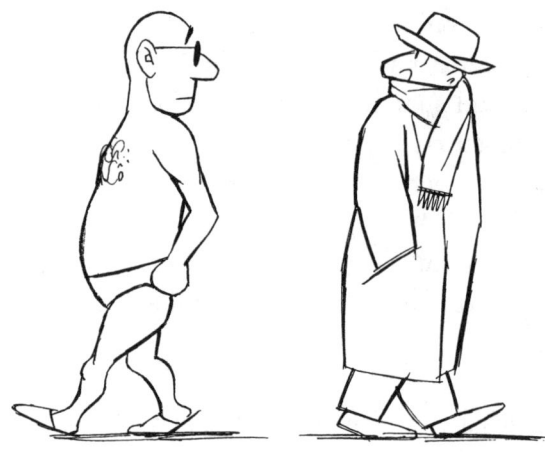

der Mensch hinten nicht dasselbe hat wie vorn. Es wäre keine Symmetrie.«

Das bekümmerte mich. Er hatte recht. »Ich weiß einen Ausweg«, sagte ich nach kurzem Überlegen. »Es gibt noch ein anderes christliches Gebot. Trifft dich jemand mit einem Stein, triff du ihn mit Brot. Sie nehmen ein Steinchen, hier ist eines, sogar ein ziemlich großes, und bewerfen mich damit. Und ich vergelte es Ihnen mit Brot.«

»Haben Sie denn Brot bei sich?«

»Nein, aber gleich um die Ecke ist eine Bäckerei. Ich laufe hin und hole welches.«

»Das Ganze gefällt mir nicht, besonders nicht, mit Brot zu werfen. Das gehört sich irgendwie nicht. Brot ist eine Gabe Gottes.«

»Aber genau so heißt es in der Instruktion.«

»Na gut. Aber was wird aus dem Backenstreich, den Sie bereits investiert haben?«

»Was hilft's? Das Geschäft ist mißlungen. Wir eröffnen ein neues. Ich schreib's als Verlust ab, jetzt gehört der erste Streich Ihnen.«

Der Stein war wirklich ziemlich groß, und zunächst mußte ich mich mit Brot versorgen, dann erst konnten wir zur Aktion übergehen. Auf dem Weg zur Bäckerei taumelte ich ein wenig, weil der Stein mich am Kopf getroffen hatte.

»Bitte ein Kilo Brot«, sagte ich in der Bäckerei.

»Brot haben wir nicht, nur Brötchen.«

Das hatte ich nicht vorausgesehen. Doch Backwerk ist schließlich Backwerk. Ich erstand also mehrere Brötchen und kehrte zurück zu meinem Partner, der, das muß man zugeben, geduldig wartete.

»Jetzt bewerf ich Sie mit Brötchen, und dann sind Sie frei.«

Gleich mit dem ersten Brötchen traf ich ihn zwischen die Augen. Er fiel nach hinten und rührte sich nicht mehr. Ich ging zu ihm hin, seine Augen erstarrten.

So hat ein trockenes Brötchen, staatlich gebacken, auch seine Vorteile.

Als ich fortging, rührte er sich immer noch nicht. Recht geschieht dem Hundesohn. Warum hat er angefangen...

## Der Doppelgänger

Als sie kamen, um ihn abzuholen, saß er vor seinem Haus und schnitzte sich gerade eine Pfeife. Vor ihm lagen der blühende Obstgarten, halbfertige neue Wirtschaftsgebäude, Kuh- und Pferdeställe. Die in der Sonne blitzenden Balken verrieten eine solide Zimmermannsarbeit. All dies hatte er sich in seinen langen Dienstjahren verdient. Sie grüßten ihn und wußten nicht, wie sie anfangen sollten. So redeten sie ein bißchen über das Wetter und die Bienenstöcke. Schließlich sagte einer: »Du kannst dir denken, warum wir kommen. Du bist ein armer Kerl, aber du verstehst, daß du nicht länger auf dieser Welt herumlaufen darfst.«

Da legte er die Pfeife weg, deren Form schon sichtbar war, und wurde blaß. Aber er sagte nichts. Der andere aber wiederholte: »Es geht nicht anders.«

»Aber Brüderchen!« rief er und faltete die Hände. »Ihr wißt doch gut, daß ich nicht er bin.«

»Das wissen wir«, antworteten sie. »Er ist uns weggestorben, der Tyrann, unser blutiger Herr. Aber versteh doch, du hattest die Stelle eines Doppelgängers, und da mußt du auch verstehen, daß es nicht anders geht. Wir waren gute Freunde im Dienst. Und das Herz blutet uns. Aber du kennst unser Ressort.«

»Verschont mich!« bat er.

Da sagten sie zu ihm: »Jammere nicht, du hast es nicht schlecht gehabt auf dieser Erde. Erinnerst du dich noch, wie die Massen an dir vorbeimarschierten und du warmen Kakao bekamst? Komm jetzt mit uns.«

»Aber das war ich, das war doch nicht er.«

»Du hast wohl keine Achtung vor dem Volk, daß du so daherredest. Du warst er, obwohl er nicht du war. Weißt du noch, wie du mit einer goldenen Krone und einem goldenen Kragen die Schulkinder auf dem Schloß empfangen hast? Komm jetzt!«

»Habt Mitleid mit mir.«

»Und wie du dich auf dem Schweißfuchs vor der Front der Soldaten tummeltest. Damals, als er einen Katarrh hatte und zu Hause bleiben mußte.«

»An einer Grippe lag er darnieder, nicht an einem Katarrh.«

»Grippe oder Katarrh. Du hast es gut gehabt. Also los jetzt!«

»Ich will nicht!«

»So einer bist du! Du willst wohl unser Volk mit deiner Fresse erschrecken? Denk doch einmal nach, Mensch! Da kommst du in eine Stadt, und das Volk spaziert da über den Marktplatz und lobt Gott, daß es kei-

ne Angst mehr zu haben braucht. Plötzlich
kommst du den Leuten unter die Augen.
Denk an die Verwirrung und die Panik! Das
wichtigste im Staate ist die Ordnung. Die
Leute sind immer noch verschreckt, und die
Staatstrauer ist noch nicht zu Ende.«

»Dann gehe ich eben nicht in die Stadt,
Ehrenwort.«

»Und wenn du dein Versprechen vergißt?
Der Mensch kann nicht immer auf derselben
Stelle sitzen.«

»Brüderchen, auf den Knien flehe ich euch
an.«

»Meine Güte. Du kennst uns doch nicht
erst seit gestern. Du müßtest wissen, daß es
keinen Zweck hat, uns anzuflehen. Du bist
doch unser alter Kamerad, warum willst du
uns das Leben schwermachen. Und wenn wir
dir gleichgültig sind, dann denk wenigstens
an das Wohl des Volkes.«

»Nein!«

»Wir erklären es dir zum letztenmal. Du

warst ihm ähnlich und hast ihm gedient, als man es dir befahl. Daraus macht dir niemand einen Vorwurf. Aber jetzt haben sich die Zeiten geändert; es wird keine Ausbeutung mehr geben und keine Ungerechtigkeit. Und deine Fresse sieht aus wie die vergangene Zeit. Man braucht nur hineinzuschauen, und schon möchte man die Hacken zusammenreißen.«

»Gebt mir euer Wort, daß jetzt die Zeit des Unrechts vorbei ist.«

»Sie ist vorbei.«

»Ehrenwort?«

»Ehrenwort!«

»Gut, dann gehe ich mit. Erlaubt nur, daß ich mich noch von meinem Sohn verabschiede.«

Er ging mit ihnen. Zuvor aber nahm er noch einmal seinen Sohn auf den Arm, sah ihn genau an und weinte vor Freude, weil sein Sohn keinem Menschen, keinem einzigen Menschen auf dieser Welt glich.

## *Das Jüngste Gericht*

Ich starb und kam ins Jenseits. Das Tor zum Jenseits war mit einer roten Fahne geschmückt.

»Eigentlich hatte ich eine himmelblaue erwartet«, sagte ich zum Türhüter.

»Sind Sie vor langer Zeit gestorben?«

»Nein, eben erst, vor einem Augenblick.«

Der Portier nickte, als hätte er genau diese Antwort erwartet. Selbstzufrieden wie ein Kenner, der einen Gegenstand richtig beurteilt hat.

»Herkunft?«

»Von der Erde. Das heißt vom Planeten.«

Er blickte mich mit der Nachdenklichkeit

des Experten an, der sich nach der Erkenntnis die Methode überlegt. Er hatte etwas unendlich Fachmännisches an sich, obwohl ich nicht festzustellen vermochte, um welches Fach es sich handelte. Gewiß nicht um einen einfachen Portier. Gleichzeitig aber konnte ich mich des Eindrucks nicht erwehren, diesem Fach schon irgendwo begegnet zu sein.

»Nun«, sagte er, »wir wollen daraus keine große Geschichte machen, obwohl Sie wegen solcher Scherze Schwierigkeiten haben könnten. Wegen der unernsten Beziehung, meine ich. Aber diesmal verzeihen wir's Ihnen. Herkunft?«

»Habe ich doch schon gesagt.«

Er schlug mit der Faust auf den Tisch.

»Arbeiter oder Bauer oder Intelligenzija. Etwa Großgrundbesitzer, wie?«

»Großgrundbesitzer? Nein, warum denn«, verneinte ich eifrig, weil sich ein alter Reflex in mir regte.

»Dann das hier ausfüllen!« Und er schob

mir ein Formular mit vielen Rubriken zu, gedruckt auf dem mir vertrauten grauen Papier von schlechter Qualität.

»Ich wollte damit nur sagen, ich habe gedacht, hier ist alles bereits bekannt. Also brauche ich nicht...«

Er hob den Blick zum Himmel, wenn man so sagen darf, denn wir befanden uns ja im Himmel – mit engelhafter, aber drohender, weil allzu ostentativer Geduld.

»Natürlich ist es bekannt. Aber was hat das damit zu tun? Bekannt und ausfüllen, das sind verschiedene Dinge.«

»Wie auf Erden, also auch im Himmel?«

»Genau.«

Er reichte mir einen Federhalter an einem Kettchen (damit die Bittsteller ihn nicht stahlen? Aber hier, im Himmel?!), den ich auch schon kannte. An der Spitze der Stahlfeder hingen die Reste einer getöteten Fliege.

»Deutlich schreiben und nichts auslassen.«

Was denn, heiliger Petrus, hier ist doch der Himmel und nicht die Erde, wollte ich sagen, warf aber einen Blick auf sein glattrasiertes Gesicht und verzichtete. Der heilige Petrus trägt, soviel ich weiß, einen üppigen Bart. Vielleicht ist er für eine Weile fortgegangen, und der hier ist nur sein Helfer, der in Abwesenheit des Chefs seine Macht mißbraucht? Offenbar geschieht das sogar im Himmel. An solche Kleinigkeiten darf man sich nicht klammern, zumal darüber hinaus alles in Ordnung zu sein schien. Ein großes Porträt von Gottvater mit buschigem, langem Bart hing an der Wand im Portiersraum.

Mit einem Einlaßschein versehen, begab ich mich in die Tiefe des Paradieses. Neugierig schaute ich mich im Gelände nach Engeln und erlösten Seelen um. Ich traf sie auch bald, aber sie sahen irgendwie seltsam aus, das heißt ein bißchen anders als erwartet. Statt einzeln auf individuellen Wolken zu sitzen, gingen sie in geschlossener Kolonne mit einem Blasorchester an der Spitze irgendwohin. Das Orchester ließ sich noch erklären. Auf verschiedenen Bildern, die ich zu Lebzeiten gesehen hatte, benutzten Engel Trompeten, obwohl sie auch auf Harfen spielten; hier aber gab es nur Trompeten. Mehr noch wunderten mich ihre dicht an den Schultern gestutzten Flügel, die keine Flügel mehr waren, sondern Stümpfe. Ich schloß mich dem letzten Glied an. Wie in jeder Kolonne schleppten sich auch in dieser am Schluß die unschönsten und am wenigsten munteren Exemplare. Kleinwüchsig und wortkarg. Niemand sagte etwas zu mir, folglich mußte ich nach einiger Zeit das Gespräch beginnen.

»Halleluja«, sagte ich zu einem, der sich am letzten Ende dahinschleppte, weil er der langsamste war. Ich nahm an, daß man sich hier so grüßte.

»Halleluja«, entgegnete er, aber ohne Begeisterung, gleichsam nur formell.

»Wie steht's mit der Erlösung?« fuhr ich

fort, dann aber betroffen durch seine Reserviertheit: »Geht's gut?«

»In Ordnung«, antwortete er und bedachte mich mit einem kurzen, forschenden Blick.

»Und dieser Zug – wohin?«

Er musterte mich länger und aufmerksamer, antwortete aber nicht.

»Entschuldigen Sie, daß ich frage, aber ich komme gerade von der Erde und konnte mich noch nicht orientieren.«

»Von der Erde?« wiederholte er, aber immer noch mit dieser Reserviertheit.

»Gerade erst, und am Tor konnte ich nichts in Erfahrung bringen. Dieser heilige Petrus wirkt, als wäre er's nicht, man kann nicht mit ihm reden.«

»Der heilige Petrus?«

»Er oder sein Stellvertreter, das weiß ich auch nicht genau und getraute mich nicht zu fragen, weil er mich etwas von oben herab behandelt hat.«

Der Wortkarge schwieg eine Weile.

»Wie soll ich wissen, ob Sie wirklich von der Erde kommen oder nicht von der Erde«, sagte er schließlich.

»Es genügt, mir auf den Rücken zu schauen. Ich habe noch keine Flügel, die kriege ich erst nach dem Gerichtsverfahren, selbstverständlich falls ich bestätigt werde.«

»Richtig«, stimmte er zu, und sein Gesicht hellte sich auf. »Entschuldigen Sie die Vorsicht, aber wenn Sie erst länger hier sind, werden Sie das verstehen.«

»Trotz allem, eure Flügel sind interessant, eher Pinsel als Flügel. Warum sind sie so kurz?«

»Lassen Sie uns etwas zurückbleiben«, schlug er vor. Wir gingen langsamer, bis sich zwischen uns und dem Ende des Zuges ein Abstand gebildet hatte.

»Das ist doch einfach«, sagte er, als die letzten Engel uns nicht mehr hören konnten. »Wozu dienen die Flügel?«

»Wozu wohl, zum Fliegen natürlich.«

»Und wenn man fliegen kann, dann kann man irgendwohin fliegen, nicht wahr?«

»Das ergibt sich von selbst.«

»Und wenn man fliegen kann, dann kann man auch wegfliegen, nicht wahr?«

»Wieso denn wegfliegen…«

»Eben so, um nicht wiederzukommen.«

Mir begann etwas zu dämmern. »Sie wollen damit sagen, daß sie uns absichtlich so kurze Flügel geben, damit wir nicht…«

Statt zu antworten, wedelte er mit den Stümpfen. Er erhob sich dabei keinen Zentimeter.

»Aber das ist doch Unsinn! Wer wird aus dem Paradies fliehen wollen?«

»Das kommt darauf an. Es hat sich hier viel geändert seit der Zeit, in der Sie Religionsunterricht hatten.«

»Richtig, den Katechismus habe ich vor langer, langer Zeit gelernt. Noch in der Vorkriegsschule.«

»Da haben wir's. Inzwischen ist die Geschichte vorangeschritten. Nach ihren unerbittlichen Gesetzen.«

»Könnten Sie mir das näher erklären?«

»Was haben Sie gelernt, zum Beispiel über die Sünde?«

»Das Normale. Du sollst nicht stehlen, nicht töten… die ganzen zehn Gebote.«

»Nicht aktuell.«

»Wieso denn nicht aktuell? Darf man jetzt stehlen und töten?«

»Weder darf man, noch darf man nicht. Es geht überhaupt nicht mehr darum. Jetzt gibt es andere Kriterien. Sünde ist alles, was den gesellschaftlichen Fortschritt hemmt, und Tugend alles, was ihn beschleunigt. Wenn Sie unbedingt stehlen wollen, dann stehlen Sie in Sachen Beschleunigung. Ebenso steht's mit dem Töten. Nur danach werden Sie gerichtet.«

»Langsam, langsam, ich kann nicht folgen. Das heißt, das Paradies… das Paradies ist jetzt fortschrittlich?«

»Mehr noch. Das Paradies ist jetzt die letzte Verwirklichung – Sie wissen schon, wessen. Nach unentrinnbaren Gesetzen ... Das haben Sie doch wohl gelernt – nach dem Kriege.«

»O Jesus!« stöhnte ich.

»Was für ein Jesus? Ich empfehle Ihnen, mit dem Namen vorsichtig umzugehen.«

»Also ist dieser heilige Petrus...«

»Was für ein heiliger Petrus? Längst liquidiert.«

»Aber die Leitung hat sich doch nicht geändert. Ich habe selbst das Porträt gesehen.«

»Von dem mit dem Bart, was? Erinnern Sie sich an kein anderes Porträt, auch mit Bart, ziemlich ähnlich?«

Eine Erleuchtung überkam mich.

»Karl?!« rief ich aus.

Er nickte. Worte waren nicht mehr nötig.

Der Himmel drehte sich vor meinen Augen. Ich wollte umkehren und mich in höchster Eile davonmachen, erinnerte mich aber daran, wer am Tor stand. Der andere umfaßte mich mit dem Arm.

»Was hilft's, Bruder«, sagte er mitfühlend. »Die unerbittlichen Gesetze der Geschichte.«

»W-wohin gehen w-wir j-jetzt«, stammelte ich.

»Zur Kundgebung.«

»Was denn für eine Kundgebung...«

»Sie werden jemanden richten, und wir kommen als Stimme des Volkes. ›Hoch soll er leben‹ – ›Weg mit ihm‹, du kennst das doch.«

»Ja«, flüsterte ich und schaute in den Himmel, das heißt hinunter. Wären wir auf der Erde, würde ich sagen: zu Boden.

»Aber Moment mal, vielleicht bist du es, der gerichtet wird? Du bist doch noch nicht gerichtet, du gehst doch erst zum Gericht.«

»Stimmt, ich bin's, mich...«

Er nahm sofort Abstand.

»Sei mir nicht böse, aber wir sehen uns erst nach der Verhandlung wieder«, sagte er schnell. »Du verstehst ja selbst…«

»Meinst du, ich werde verurteilt?«

»Ein Felix bist du nicht, und die kennen keinen Spaß. Im alten System gab es solche Dinge wie Sündenvergebung, jetzt nicht mehr, nur Recht und Gesetz. Unerbittlich.«

Er schloß sich den Engelskollegen an. Von nun an sprach er nicht nur nicht mehr mit mir, er tat auch, als sähe er mich nicht.

Mit gesenktem Kopf schleppte ich mich hinter ihm her. »Die unerbittlichen Gesetze«, »Die kennen keinen Spaß« – dröhnte es mir im Kopf. So also ist jetzt der Himmel, von dieser Art! Welche unwahrscheinliche, welche geradezu betäubende Veränderung, wer konnte das vermuten, das voraussehen!

Und dennoch, wenn man genauer nachdenkt, keine so überraschende Veränderung. Hatte ich nicht lange genug auf Erden gelebt, in der zweiten Hälfte des zwanzigsten Jahrhunderts? Hatte ich nicht genügend Zeitungen in verschiedenen Sprachen, wissenschaftliche Abhandlungen und literarische Werke gelesen? Hatte ich nicht genug Radiosendungen und gesellige Gespräche gehört, Fernsehsendungen angeschaut? Hatte ich womöglich nicht verstanden, was und wie sie reden, schreiben, abbilden? Ich hatte es durchaus verstanden. Ich hatte beobachtet, wie die neuen Werte wuchsen, wie sich die Begriffe von Gut und Böse wandelten, wie die alte Religion verging und die neue erstand. Folglich?

Folglich hatte nicht meine Vernunft getrogen, sondern mein Glaube. Ich hatte einfach nicht geglaubt, daß es wirklich so und ganz so ist. Meine persönliche Erfahrung erlaubte mir nicht zu glauben, daß sie auch, daß sie freiwillig... Und jetzt bin ich hier, völlig unvorbereitet für das Gericht, von dem meine ewige Erlösung oder meine Verdammnis für immer abhängt.

Denn wenn es eine Erlösung gibt, muß es auch eine Verdammnis geben.

Demzufolge...

Da war schon die Stätte des Jüngsten Gerichts. Ein weites Tal, darüber ein hochragender Berg, alles mit rotem, präsidialem Tuch bedeckt. Der Zug hielt im Tal, der Berg war besetzt mit den Patriarchen und Vätern der Neuen Kirche, den Seligen, Propheten und Heiligen von unten nach oben, nach Rang und Dienstgrad, bis hin zur Dreifaltigkeit auf dem obersten Gipfel. Der Höchste mit dem bereits erwähnten kolossalen Bart befand sich ganz oben. Er saß auf einem Thron und hielt in der Hand die Schrift, alle Bände der Gesamtausgabe. Hinter seiner Schulter schaute der Ehrenvize hervor, der auch einen Bart trug, aber einen gestutzten und nicht so lockig. Links vom Höchsten saß der Kahle mit dem kleinen, spitzen Bärtchen und rechts der nur Schnurrbärtige. Und tiefer – ach, wer nicht alles dort war.

Ich stand allein zu Füßen dieses Riesenberges und hinter mir die Menge des erlösten Volkes. Der Erzengel blies seine Trompete – ich konnte nicht erkennen, ob es Suslow war oder Budjonny –, und der Prozeß begann.

Zuerst las der Gerichtssekretär meine Akten vor. Ich erkannte ihn. Zu Lebzeiten war er kein großer Sekretär gewesen, das heißt, man kannte ihn in der Welt weniger als andere Erste Sekretäre, dafür aber kannte man ihn bei uns sehr gut. Es war der mit dem kleinen Schnurrbärtchen à la Bürste, nach oben gekämmt. Viele meiner Landsleute erinnern sich noch an ihn, vermutlich war ihm mein Fall zugewiesen worden, weil ich früher zu seinem Terrain gehört hatte. Mein gesamtes Erdenleben wurde in diesen Akten beschrieben. Es sah kläglich aus. Zwar hatte ich in jungen Jahren allerlei frommen Organisationen angehört, aber als inaktives Mitglied, eigentlich als Pharisäer. Und später... Je später, desto schlimmer.

»Viele Sünden hat der Angeklagte auf dem Gewissen«, begann der Vorsitzende, mußte aber unterbrechen, weil irgendein Gerede ihn störte. »Bitte im Saal nicht reden«, ermahnte er einen Kleinen, Dicklichen mit Brille und Scheitel, der in der Gruppe der Seligen seine Nachbarn über etwas belehrte, flüsternd zwar, aber leidenschaftlich.

»Viele schwere Sünden hat er begangen, viele Beleidigungen Gottes.«

»Weg mit ihm!« schrie die Menge im Tal.

»Doch das Jüngste Gericht will seinen Fall bis zum Ende untersuchen und ihm eine Erlösungschance geben.«

»Hoch soll er leben!« schrie die Menge.

»Angeklagter, treten Sie vor, und beantworten Sie die Fragen. Alles wird von Ihren Antworten abhängen.«

Ich trat einige Schritte vor und blieb direkt am Fuß des Berges stehen. Ich mußte den Kopf tief in den Nacken legen, um den Gipfel sehen zu können.

»Bitte nicht stören«, wandte sich der Vorsitzende wieder an den, der nicht aufhören wollte zu reden. *»S'il vous plaît.«*

Ach, dachte ich mir, das ist ein Franzose.

»Nun die erste Frage. Wie ist das Verhältnis des Angeklagten zur feudalen Unterdrückung?«

»Ich mag sie sehr.«

Ein Raunen des Entsetzens ging über Berg und Tal. Es war nicht die volle Wahrheit, die Feudalen sind mir ziemlich gleichgültig, aber ich wollte um der größeren Sicherheit willen übertreiben. Ich durfte nichts riskieren, was mir mit Erlösung drohte. Nur der Franzose redete pausenlos, ohne mich zu beachten.

»Genosse Sartre, bitte verlassen Sie den Saal. Aha, der Angeklagte ist ein Anhänger der besitzenden Klassen? Dann sagt uns der Angeklagte vielleicht, was er von dem Widerspruch zwischen der kollektiven Produktionsweise und dem privaten Eigentum an Produktionsmitteln hält.«

Ich mußte das kleine Durcheinander abwarten, als Sartre hinausgetragen wurde, denn er wollte nicht selbst hinausgehen. Felix Dzierżński trug ihn zusammen mit Thorez, aber er hörte nicht auf zu reden. Erst nachdem er draußen war, herrschte Ruhe, und in der Stille ertönten meine Worte.

»Das ist mir ganz egal. Wenn's nur Geld gibt.«

Es stöhnten Berg und Tal. Dem Vorsitzenden selbst verschlug es die Sprache. Er beherrschte sich jedoch und stieß nach einer Weile durch die zusammengebissenen Zähne: »Das wird ja immer besser. Der Angeklagte unterstützt also die Ausbeutung?«

»Das kommt darauf an.«

»Worauf?«

»Darauf, ob sie groß oder klein ist. Wenn sie groß ist, unterstütze ich sie, und wenn sie klein ist, auch, aber weniger.«

Jetzt erklang nicht einmal ein Stöhnen.

Das Entsetzen kann so groß sein, daß es sich nur im Schweigen äußert.

»Gehen wir zum Problem der nationalen Befreiungsbewegungen über. Welche Ansichten hat der Angeklagte in dieser Sache?«

»Geht es um die Polen?«

Die Stille platzte, und ein Aufschrei heiliger Empörung erfüllte das Himmelszelt. »Fort mit ihm, fort mit ihm, das ist eine Provokation!« schrie man im Tal, und auch der Berg schrie mit den Stimmen aller Erzengel, Propheten, Patriarchen und Heiligen. Es schien kein Ende nehmen zu wollen, bis der Höchste die Linke hob. Auf dieses Zeichen hin setzte wieder Stille ein. Der Höchste beugte sich vor und flüsterte dem Vorsitzenden etwas ins Ohr.

»Die letzte Frage«, verkündete der Vorsitzende. »Der Historische Determinismus möchte dem Angeklagten eine letzte Chance geben. Von seiner letzten Antwort hängt seine Erlösung ab. Möge der Angeklagte gut überlegen, ehe er antwortet. Wie ist sein Verhältnis zum...«

Und nun nannte er das allerheiligste Wort, das heiligste der heiligen, so heilig, daß ich es hier nicht anführen kann, in dieser weltlichen und unwürdigen Erzählung. Ich kann nur enthüllen, und auch das bebend, daß es mit dem Buchstaben S beginnt.

Und wieder Stille, diesmal aber die tiefste aller Stillen, die Stille des Kosmos. Eine Stille, in der man nur die Umdrehung der Planeten hört, das Pulsieren der Sonnen und das Fortdauern der Galaxien. Und in diese Stille sagte ich: »Ich scheiße drauf.«

Ein Donnerschlag. Abgründe taten sich auf und verschlangen den Lästerer. In Feuer und Rauch huschte ein Dicker an mir vorbei, die Zigarre in der einen, die Gabel in der anderen Hand. »Churchill?« lachte jemand krächzend, es war wohl Harry Truman, und wedelte mit dem schwarzen Schwanz, der Teer der Wall Street versengte mich, der

Schwefel des Pentagon benahm mir den Atem. Das also in Ewigkeit, Amen? vermochte ich noch zu denken und stürzte, weiterhin zweifelnd, ob es mir gelungen war, der Erlösung zu entgehen, kopfüber in die Hölle des Kapitalismus.

## *Der Baum*

Ich wohne in einem Haus nah an einer Straße. An dieser Straße wächst in der Kurve ein Baum.

Als ich ein Kind war, war die Straße noch ein Feldweg, das heißt staubig im Sommer, schlammig im Frühling und im Herbst, im Winter genauso mit Schnee bedeckt wie die Felder. Jetzt ist der Weg asphaltiert – für jede Jahreszeit.

Als ich jung war, befuhren Bauernkarren mit Ochsengespannen die Straße, und das nur zwischen Sonnenaufgang und Sonnenuntergang. Ich kannte sie alle, denn es waren Hiesige. Pferdegespanne fuhren seltener.

Jetzt befahren Autos die Straße – Tag und Nacht. Ich kenne niemanden, sie erscheinen von irgendwoher und verschwinden irgendwohin.

Nur der Baum blieb derselbe, grün von Frühling bis Herbst. Er steht auf meinem Grund und Boden.

Ich bekam einen Brief von der Obrigkeit. »Es besteht die Gefahr«, stand in diesem Brief, »daß ein Auto an den Baum prallt, denn der Baum steht in einer Kurve. Deshalb muß er gefällt werden.«

Das bedrückte mich. Wo sie recht haben, haben sie recht. Der Baum steht wirklich in der Kurve, es fahren immer mehr Autos, und sie fahren immer schneller und immer unvorsichtiger. Eine Frage der Zeit, bis eins an den Baum prallt.

Ich nahm also eine Flinte, setzte mich unter den Baum, und sowie das erste ankam, schoß ich. Aber ich traf nicht. Dafür haben sie mich verhaftet und vor Gericht gestellt.

Ich habe dem Hohen Gericht erklärt, daß ich nur deshalb nicht getroffen habe, weil ich bereits schwache Augen habe, aber wenn sie mir eine Brille gäben, würde ich sicher treffen. Das half gar nichts.

Es gibt keine Gerechtigkeit. Es ist wahr, daß irgendein Auto an den Baum prallen und ihn beschädigen kann. Aber wenn sie mir eine Brille gäben und von Amts wegen Munition, dann würde ich da sitzen und ihn immer bewachen. Wieso denn gleich den Baum fällen, wo es doch andere Methoden gibt, ihn vor Unfällen zu bewahren?

Das würde sie nichts kosten, außer ein bißchen Munition. Ist das denn zuviel verlangt?

## *Der Fremde*

Eines Tages bestellte der Präsident Hering in Sahnesoße in der Kantine. Da sagte ein Gast: »Entschuldigen Sie bitte, aber ich habe diesen Hering zuerst bestellt.«

Es wurde ganz still. Der Präsident war so erstaunt, daß er völlig verstummte. Dann gewann er seine Stimme wieder und fragte: »Wissen Sie, wer ich bin?«

»Nein«, antwortete der Unbekannte. Wir waren sprachlos.

»Sie wissen nicht, wer ich bin?« fragte der Präsident erneut.

»Ich habe keine Ahnung.«

»Nein?«

»Nein.«

»Wieso?« schrie der Präsident und lief blau an. Wir hielten den Atem an.

»Ich bin nicht von hier«, erklärte höflich der Unbekannte.

»Aber vielleicht haben Sie hier irgendwelche Verwandte?« fragte der Präsident mit Hoffnung in der Stimme. »Dann werde ich es Ihnen zeigen.«

»Ich habe hier niemanden. Und Sie werden mir nichts zeigen.«

»Vielleicht wollen Sie was bei uns erledigen? Dann würde ich es Ihnen zeigen!«

»Unmöglich. Ich habe hier nichts zu erledigen.«

»Vielleicht doch?!« schrie der Präsident flehentlich. »Vielleicht möchten Sie eine kleine Eingabe machen, oder sonstwas? Wir würden sie sofort ablehnen!«

»Ausgeschlossen!«

»Mein Herr, ich bitte Sie! Tun Sie das bitte für mich, haben Sie was zu erledigen bei mir.«

»Nichts von alledem«, sagte der Unbekannte hart. »Ich möchte jetzt den Hering.«

Und obwohl dem Präsidenten Tränen in
den Augen standen, aß der ruhig seinen Hering und ging. Uns tat der Präsident leid.

Es geht eben nichts über die eigenen
Leute. Die eigenen Leute kann man kaputt-
machen und ihnen was zeigen ... Aber ein
Fremder kann einen eben nicht verstehen...

## Der Falschspieler

Ich bin ein Falschspieler«, erklärte der Ausländer. »Im Spiel mit mir habt ihr keine Chance. Ich verkünde, was ich bin, obwohl ich es nur sein könnte, wenn ich nichts verkünden, sondern im Gegenteil alles verheimlichen würde.«

»Warum tun Sie es dann?« fragte Neußner.

»Entschuldigen Sie, aber ich habe schon viel gesagt, ohne es sagen zu müssen, aus eigenem, freiem Willen. Wenn ich also weitere Fragen nicht beantworte, so habe ich wohl volles Recht auf dieses Schweigen.«

»Das stimmt, aber ich dachte, weil Sie gerade losgelegt hatten...«

»Ich sagte nur das, was ich gesagt habe, nicht mehr und nicht weniger. Ich will Sie nicht zum Spiel überreden, aber auch nicht davon abhalten. Die Folgerungen bleiben ganz Ihnen überlassen, meine Herren.«

»Das ist sehr großmütig von Ihnen, ja, wirklich, wir wissen es zu schätzen...«

Wir waren zu dritt nebst dem Ausländer, von dem wir wußten, daß er Falschspieler war. Vor dem Fenster breitete sich eine durch nichts unterbrochene Schneewüste aus. Selbst Hasenspuren waren im Schnee nicht zu finden. Man hätte hinausgehen können, aber nur zum Spazierengehen, das heißt, allein zu dem Zweck, seine eigenen Spuren zu hinterlassen, zurückzukommen und sie durchs Fenster zu betrachten. Ein Hinausgehen wie jedes andere, doch noch weniger verlockend.

»Erlauben Sie, daß wir uns beratschlagen? Und zwar ganz unter uns. Sie sind uns nicht böse?«

»Keineswegs«, entgegnete der Ausländer und drehte sich zur Wand. Wir drei gingen in die gegenüberliegende Ecke, Neußner, Beyer und ich.

»Verflixt, warum hat er uns das erzählt«, sagte Neußner. »Jetzt kann man nicht mehr mit ihm spielen.«

»Man kann, nur darf man nicht«, stellte ich fest.

»Aber warum eigentlich nicht«, überlegte Beyer.

»Aus moralischen und praktischen Gründen. Mit Rücksicht auf den Ehrenkodex gehört es sich nicht, mit einem Falschspieler zu spielen. Und außerdem kann man gegen einen Falschspieler nicht gewinnen.«

»In der Tat.«

Schweigen machte sich breit. Neußner blickte aus dem Fenster. Beyer tat es ihm nach, in der Hoffnung, daß Neußner dort etwas sehen würde. Ich machte es wie die beiden. Draußen war nichts.

»Moment mal«, sagte Neußner, seinen Blick vom Fenster abwendend. »Vielleicht spielt er sich nur auf?«

»Eben«, freute sich Beyer, der ebenfalls aufhörte, aus dem Fenster zu schauen. »Wenn das nur ein Bluff ist?«

»Wozu sollte er uns etwas vormachen…«

»Um sich hervorzutun. Menschen sind ehrgeizig.«

»Oder um einen ins Bockshorn zu jagen«, fügte Beyer hinzu. »Mit solchen kann man leichter gewinnen.«

»Wie denn, meine Herren, Sie wollen also mit ihm spielen?«

»Wollen oder nicht, das ist nicht wichtig. Wichtig ist, ihm den Betrug unmöglich zu machen. Wenn er uns nämlich den Falsch-spieler nur vormacht, dann betrügt er.«

»Was heißt hier vormachen, wenn er es bekanntgibt.«

»Seien Sie nicht naiv«, unterstützte Beyer Neußner. »Eben weil er bekanntmacht,

macht er was vor. Sonst würde er nämlich nichts bekanntmachen.«

»Aber wozu macht er es bekannt?«

»Um uns was vorzumachen. Auf zum Spiel, meine Herren.«

Wir kehrten zum Ausländer zurück.

»Sie spielen, wie mir scheint…«, begann Beyer errötend.

»Wir könnten ein Spielchen machen«, führte Neußner aus. »Natürlich nur, wenn Sie nichts dagegen haben.«

Stumm verneigte sich der Ausländer.

»Spielen wir um Geld?« fragte der Ausländer, als wir uns an den Tisch setzten.

»Na klar«, sagte Neußner. »Ohne Geld ist es kein richtiges Spiel.«

»Vielleicht sollte man doch zu Anfang…«, sagte Beyer schüchtern. »Ich hatte keinen Hintergedanken, ich meinte nur so…«, und er errötete noch mehr als zuvor.

»Wir spielen um Geld«, entschied Neußner.

»Bitte schön«, stimmte der Ausländer zu.

Er gewann und wir verloren.

»Ein blindes Huhn…«, sagte Neußner.

»Nein, das war kein Zufall, ich gewinne immer.«

»Das wird sich noch zeigen.«

Es zeigte sich, daß der Ausländer wiederum gewann.

»Zweimal ist auch keinmal!« beharrte Neußner.

Beim drittenmal dasselbe Lied.

»Sie haben Glück.«

»Es ist kein Glück, sondern Gewißheit.«

Der Ausländer gewann zum vierten-, fünften-, sechstenmal. Vor der siebten Runde fragte Neußner unlustig:

»Dieses Mal werden Sie auch gewinnen?«

»Selbstverständlich«, entgegnete der Ausländer. »Ist was?«

»Nein, ich frage nur so.«

Er gewann zum siebtenmal. Als wir uns

an das achte Spiel heranmachten, ergriff ich das Wort:

»Könnten Sie nicht wenigstens einmal verlieren?«

»Warum denn?«

»Ich will nicht deutlicher werden. Auch Kollege Neußner hat es vorgezogen, nur Anspielungen zu machen.«

»Aber warum sollte ich denn verlieren?«

»Wenn Sie mich dazu zwingen, sage ich es Ihnen offen: als Alibi.«

»Ich brauche kein Alibi. Ich habe Sie zu Beginn gewarnt, daß ich ein Falschspieler bin. So einfach ist die Sache.«

Ich schwieg. Neußner schaute zur Decke, Beyer auf den Fußboden. Der Ausländer blickte mir in die Augen.

Das Schweigen zog sich hin.

»Spielen wir weiter?« fragte der Ausländer.

Ich schaute auf Neußner und Beyer, aber die wollten nicht auf mich schauen. Sie stellten sich abwesend. Ich fühlte mich verraten und verkauft, ich versuchte doch auch für sie und nicht nur für mich die Situation zu retten.

»Wir spielen weiter«, sagte ich, um Neußner und Beyer zu ärgern. »Natürlich spielen wir, warum nicht?«

Neußner hörte auf, die Decke, und Beyer, den Fußboden anzustarren, und beide sahen, sichtlich aufgelebt, in ihre Karten. So ist das also. Ich glaubte, mich an ihnen zu rächen, statt dessen waren sie mir dankbar; meine rachsüchtige Entscheidung nahmen sie dankbar und erleichtert auf. Ich beschloß, mich nicht mehr einzumischen. Doch nach der achtzehnten Partie tat mir Beyer leid. Auf Gesicht und Händen zeigten sich bei ihm scharlachrote Flecken. Ich legte die Karten beiseite.

»Einen Augenblick«, sagte ich. »Sollten Sie doch vielleicht nicht wenigstens einmal verlieren? Wenn schon nicht als Alibi, an dem Ihnen nichts liegt, so vielleicht aus humanitären Gründen. Ich und Kollege Neußner sind tauglich geschrieben, wir können an der Front eingesetzt werden, Kollege Beyer dagegen ist schwächlicher Konstitution.«

Der Ausländer taxierte Beyer mit einem kurzen, aufmerksamen Blick.

»Er hält durch.«

»Und was sagt ihr dazu?« wandte ich mich an meine Kumpel.

Sie schwiegen. Beyer schaute flehend auf Neußner, aber Neußner schaute nicht auf ihn.

»Kollege Neußner, ich bitte um Ihre Meinung.«

»Beyer soll es selbst sagen.«

»Ich halte durch...«, flüsterte Beyer kaum hörbar und senkte den Kopf.

»Gut. Ich habe getan, was ich konnte. Von jetzt ab geht's auf eigene Kappe.«

Wir verloren weiterhin, den ganzen Nach-

mittag hindurch. Keiner sprach mehr ein Wort. Als die Dämmerung hereinbrach, hielt es Beyer nicht mehr aus.

Der Ausländer war wieder gerade beim Kartengeben, als Beyer vor ihm auf die Knie fiel. Sein Gestammel war anfangs unverständlich. Erst nach einer gewissen Zeit war es zu verstehen.

»Sagen Sie, daß Sie kein Falschspieler sind... Sie brauchen nicht zu verlieren, sagen Sie nur ein einziges Wort, ich flehe Sie an... daß Sie kein...«

Der Ausländer beugte sich über ihn und griff ihm unter die Arme. Rücksichtsvoll, aber nachdrücklich hob er ihn von den Knien auf.

»Sie sagen es, nicht wahr? Sagen Sie's?« schluchzte Beyer, nun auf seinen Beinen stehend. »Sagen Sie, daß Sie's nicht sind?«

»Leider bin ich es.«

»Ja, dann kann ich nicht mehr weiter!«

»Und der Glaube?«

»Der Glaube?« wiederholte Beyer und sperrte den Mund auf.

»Ja, der Glaube. Meine Herren«, sagte der Ausländer und stand auf. »Es ist an der Zeit klarzustellen, warum ich Ihnen nicht den Schein einer Hoffnung gelassen habe, also auch den Schein eines Zweifels daran, keine Chance zu haben. Ich wollte Ihren Glauben läutern und ihn auf die Probe stellen. Sie sollten an einen Sieg glauben, obwohl der Augenschein dafür sprach, daß Sie nicht gewinnen können. Nur ein solcher Glaube ist wahr, denn jeder Glaube, der im Verstand seine Stütze sucht, ist kein wahrer Glaube. Adieu!«

»Wie denn, Sie wollen gehen?« fragte Neußner und stand auf. Auch ich erhob mich. Beyer stand bereits.

»Jetzt, wo ich Ihnen meine Motive offengelegt habe, besäße die Fortsetzung des Spiels vom erzieherischen Standpunkt aus keinen Sinn mehr. Wer auf die Probe gestellt wird, darf es nicht wissen. Gerade darin besteht die Probe. Und Sie wissen ja Bescheid.«

»Nur noch ein einziges Mal.«

Der Ausländer trat zu Neußner und legte seine Hand auf dessen Schulter:

»Ihr Glaube ehrt Sie.«

»Nur noch ein einziges Mal«, bat Neußner.

Der Ausländer wandte sich von Neußner ab und ging zur Garderobe. Unterwegs blieb er bei Beyer stehen, der noch immer mit heruntergefallener Kinnlade dastand und mit den Augen klimperte. Er schloß ihm den Mund, danach strich er das Geld vom Tisch und steckte es in die Tasche. Dann zog er seinen Pelzmantel an und setzte sich den Hut auf.

»Und ich?« rief ich mich in Erinnerung. »Und über mich haben Sie nichts zu sagen?«

»Nein.«

Steif verneigte ich mich vor ihm. Er erwiderte es mit ähnlicher Verbeugung und ging hinaus.

Ich trat ans Fenster. Der Ausländer entfernte sich quer übers Feld, aber es war schon zu dunkel, um festzustellen, ob er Spuren hinterließ.

»Den hab' ich aber ganz schön angeführt«, sagte Neußner hinter meinem Rükken. »Nicht einen Augenblick habe ich daran geglaubt, daß er ein Falschspieler ist.«

## Realistische Wirklichkeit

Einmal, als ich die Zeitung las und der Hund zu meinen Füßen lag, war plötzlich das Miauen einer Katze zu hören, direkt neben mir. Ich wunderte mich, weil ich keine Katze in meinem Haus hatte. Ich sah den Hund an, aber der reagierte nicht, offensichtlich hatte er nichts gehört. Aber war das möglich, daß er nichts gehört hatte? Nein. Ob er nur so tat, als ob er nichts hörte? Unsinn, wieso sollte er so tun als ob. Aber wieso war er dann rot geworden?

Ich hätte diesen Vorfall vergessen, wenn mein Hund nicht ein paar Tage später auf dem Spaziergang auf einen Baum geklettert wäre. Als er bemerkte, daß ich ihn beobachtete, sprang er herunter und lief zu den anderen Hunden. Die aber verhielten sich ihm gegenüber feindlich.

Das waren aber noch überhaupt keine Beweise. Schließlich war er nicht sehr hoch geklettert, und die Feindseligkeit der anderen Hunde konnte die verschiedensten Gründe haben.

Ich ging mit ihm zum Tierarzt.

»Untersuchen Sie ihn bitte, ich möchte gern wissen, ob das ein Hund oder eine Katze ist.«

»Heute habe ich keine Sprechstunde mehr. Bitte kommen Sie ein anderes Mal vorbei.«

»Wann?«

»Ich weiß nicht, ich bin sehr beschäftigt.«

Entweder dachte er, ich sei verrückt geworden, oder die Wirklichkeit ist nicht so eindeutig, wie es uns scheint. Ich wollte damit aber keine Probleme haben, verkaufte also den Hund und kaufte mir einen Affen.

Am nächsten Tag war der Affe verschwunden. Ich fand ihn erst nach langem Suchen. Er saß auf meinem Sessel und las *Die Phänomenologie des Geistes* von Hegel.

Ich warte, bis er das Buch ausgelesen hat, und dann werde ich mit ihm diskutieren.

Selbstverständlich nur, wenn sich herausstellt, daß ich nicht er bin, und er nicht ich ist.

## Das Dichterdenkmal

Wir erhielten Mittel für die Errichtung eines Denkmals zu Ehren von Adam Mickiewicz. Aber da wir verschiedene Bedürfnisse hatten, borgten wir uns das Geld zwischenzeitlich und gaben es für andere Zwecke aus. Unser Dichterprophet liebte das Volk und hätte sicher nichts dagegen gehabt.

Doch es näherte sich der Tag der Denkmalenthüllung in Gegenwart höchster Herrschaften. Wir versammelten uns alle, um zu beraten.

»Meine Herren!« eröffnete der Präsident die Versammlung. »Die Situation ist peinlich. Es gab den Dichterpropheten, es gab

Geld, es gibt kein Denkmal. Was machen wir?«

Eine schwierige Angelegenheit. Ein Sokkel wäre leicht zu beschaffen, da reichte ein großer Stein auf dem Platz. Aber woher eine Statue nehmen? Die sollte aus Bronze sein, und das konnten wir uns nicht leisten. Und den Bildhauer müßte man auch anständig bezahlen.

In unserem Städtchen lebte ein gewisser Rentner. Wir gingen zu ihm und sagten zu ihm: »Du stellst dich in einer entsprechenden Position auf den Sockel und tust so, als wärst du Mickiewicz. Das ist für dich eine Ehre und eine Auszeichnung. Denk nur dran, daß du dich nicht bewegen darfst, keinen Millimeter, du darfst dich nicht bücken oder gar kratzen. Als Rentner hast du genügend Zeit, die Arbeit ist leicht und angenehm, an der frischen Luft, und die paar Groschen, die du von uns bekommst, wirst du auch gebrauchen können.«

»Könnte man das nicht im Liegen …?« fragte der Greis. »Meine Beine sind schwach.«

»Das ist zu viel verlangt. Du hast sowieso Glück, daß es kein Denkmal des Sieges ist. Da müßtest du so tun, als wärst du eine Frau mit einem Säbel, ohne Büstenhalter.«

Die Enthüllung verlief erfolgreich. Der Dichterprophet schien den Versammelten fast lebendig zu sein. Ein langer Gehrock, ein Buch unter dem Arm, in einer Hand eine Gänsefeder, die andere wies in die Ferne. Auf dem Kopf ein Lorbeerkranz.

»Sehr schön«, lobte der Regierungsvertreter. »Sehr realistisch. Nur der Gesichtsausdruck ist irgendwie unintelligent.«

Eine Zeitlang ging alles gut. Acht Stunden lang stand er auf dem Sockel, wie es sich gehörte, und wenn ihm die Beine weh taten, setzte er sich in die Kneipe gegenüber und wartete auf ein Zeichen, ob nicht eine Reisegruppe oder sonst irgendein Fremder vorbeikäme. Dann kletterte er wieder auf den Sockel, und selbst wenn er ein wenig schwankte, dachten die Urlauber, das sei der Wind. Einmal im Jahr hatte er Urlaub. Dann hängten wir ein Schild an den Sockel: »Renovierung des Denkmals.«

Aber dann begann er launisch zu werden.

»Im Vertrag steht nichts von Tauben, dabei haben die Tauben überhaupt keine Hochachtung vor mir. Ich verlange eine Gehaltserhöhung.«

Er bekam eine Gehaltserhöhung, aber das genügte ihm nicht.

»Sie kritzeln auf mir rum«, sagte er. »Es geht ja noch, wenn sie das mit Bleistift oder Kugelschreiber machen. Aber gestern hat einer mit einem Nagel auf mir geschrieben: ›Ich war hier. Zbyszek‹.«

Wir erhöhten sein Gehalt noch einmal, aber auch das genügte ihm nicht. Er stellte immer höhere Forderungen.

»Als Mickiewicz müßte ich nach Paris

fahren, um den Gesichtsausdruck der Sehnsucht nach der Heimat zu studieren. Es reichen zwei Wochen.«

Das war uns doch zu viel, und wir schickten ihn nach Moskau. Soll er dort mal Heimweh haben.

## Die Zucht

Eines Tages kam der Hahn sehr aufgeregt zu mir.

»Angeblich legt der Fuchs eine Hühnerzucht an. Das ist nicht zulässig.«

»Warum? Eine Zucht, das ist Organisation, also Zivilisation.«

»Was heißt hier, warum? Man weiß doch, wozu der Fuchs die Hühner braucht. Das ist ein verbrecherisches Vorhaben. Das muß unterbunden werden.«

»Wie?«

»Wir müssen mit dem Fuchs reden.«

»Ich auch?«

»Komm mit, ich brauche dich als Zeugen.«

Wir trafen den Fuchs vor den soeben gemieteten Räumen. Gerade befestigte er an der Tür ein Schild: Geflügelzucht. Leitung: Fuchs.

»Mach das sofort ab!« schrie der Hahn.

»Warum? Das ist eine solide Firma, die ein Büro braucht.«

»Sag's du ihm«, wandte sich der Hahn an mich.

»Der Hahn hält die Gründung einer Geflügelzucht durch den Fuchs für ungehörig.«

»Tut er das?« fragte der Fuchs besorgt.

»Sie könnte Widerstand wecken. Es gibt gewisse Verdachtsmomente und Vermutungen hinsichtlich der wirklichen Ziele des Unternehmens, die Kritik berechtigt erscheinen lassen.«

»Tatsächlich? Aber warum denn?«

»Wegen deines Verhältnisses zu den Hühnern.«

»Ich habe lautere Absichten, nur die Leute

reden wer weiß was. Mir geht es um das Wohl der Hühner. Ich möchte ihnen angemessene Lebensbedingungen verschaffen.«

»Ach so, lautere Absichten«, spottete der Hahn empört. »Und was für Personal wirst du anstellen?«

»Auch Füchse, natürlich. Alles Fachleute.«

»Bitte sehr.« Der Hahn wandte sich wieder an mich. »Ist das nicht eine Unverschämtheit?«

»Ich fürchte, der Hahn hat recht. Eine von Füchsen betriebene Hühnerzucht, das könnte die öffentliche Meinung nicht ohne Vorbehalte akzeptieren.«

Der Fuchs versank in tiefes Nachdenken.

»Ja, wenn ihr beide dieser Ansicht seid... Ich werde mich zurückziehen. Ich persönlich bin nicht ehrgeizig. Ich wollte nur das Beste für die Hühner.«

»Du verzichtest wirklich?« fragte der Hahn ungläubig.

»Selbstverständlich. Es tut mir nur um den schönen Plan leid, der das Gemeinwohl zum Ziel hatte.«

»Du trittst zurück, ohne dich zu widersetzen?«

»Wie soll ich dich anders davon überzeugen, daß mir weder an dem Geschäft noch an der leitenden Stelle gelegen ist?«

»Irgendwie kann ich dir nicht glauben.«

»Dann laß uns eine Fuchszucht durch Hühner anlegen.«

»Im Ernst?«

»Wenn es ungehörig ist, daß Füchse Hühner züchten, dann sollen halt Hühner Füchse züchten. Das wird die öffentliche Meinung zufriedenstellen, und ich werde über jeden Verdacht erhaben sein. Zumal ich dich zum Direktor ernenne.«

»Warum mich?« Der Hahn wunderte sich, aber nicht allzusehr.

»Ich finde keinen besseren Bewerber. Du bist hervorragend begabt, energisch und dabei schön. Ein Direktor sollte sich gut präsentieren.«

»Das muß ich mir überlegen«, sagte der Hahn nach einer Weile. »Ich bin zur Zeit sehr beschäftigt.«

»Können wir dennoch damit rechnen...«

»Ich verspreche nichts. Im Augenblick werden mir viele leitende Stellen angeboten.«

»Verständlich. Trotzdem werden wir warten.«

Wir trennten uns. Einige Tage später kam ich wieder dort vorbei. Über der Tür hing ein Schild: Fuchszucht. Leitung: Hahn.

Im Warteraum drängten sich junge, fette, schmackhafte Hühner.

»Ist der Herr Direktor zu sprechen?« fragte ich das Huhn im Sekretariat.

»Beschäftigt. Er stellt gerade Personal ein. Wollen Sie warten?«

»Nein. Vielleicht ein andermal.«

Im Park begegnete ich dem Fuchs. Er saß auf einer Bank und las Zeitung.

»Was machst du so?« fragte ich.

»Vorläufig nichts. Ich warte auf die Eröffnung dieses Unternehmens«, antwortete er und leckte sich das Maul.

## Der Artist·

D er Hahn las die Anzeige: Tiere gesucht – der Zirkus.

»Ich melde mich«, sagte er und legte die
Zeitung zusammen. »Schon immer wollte
ich Artist werden.«

Unterwegs spann er große Pläne: »Ruhm
und Geld. Und vielleicht sogar Reisen ins
Ausland.«

»Und zurück«, fügte der Fuchs hinzu.

»Warum zurück? Im Ausland werde ich
einen Vertrag mit der Metro-Goldwyn-
Mayer unterschreiben.«

Der Direktor empfing ihn im Freien, wo
er amtierte. Gerade wurde das Zirkuszelt

aufgestellt. Ich und der Fuchs blieben in der Nähe stehen.

»Es freut mich sehr, daß Sie sich bei uns melden. Dürfte ich um Ihren werten Namen bitten?«

»Löwe«, stellte der Hahn sich kurz vor.

»Löwe?« Der Direktor wunderte sich. »Sind Sie dessen sicher?«

»Eventuell Tiger.«

»Nun gut. Dann brüllen Sie mal.«

Der Hahn brüllte, so gut er konnte.

»Na ja, nicht schlecht, aber es gibt bessere Löwen als Sie ... Wenn Sie sich als Hahn verpflichten würden, wäre das etwas anderes. Dann könnte ich Sie engagieren.«

»Ich denke nicht daran, Ihnen zuliebe einen Vogel vorzutäuschen«, antwortete der Hahn gekränkt.

»Dann auf Wiedersehen.«

Auf dem Rückweg schwieg der Hahn grollend. Schließlich hielt ich das nicht mehr aus.

»Was ist dir nur eingefallen, warum wolltest du den Löwen spielen?«

»Warum, warum...«, antwortete der Fuchs für ihn. »Hast du je einen Artisten ohne Ehrgeiz gesehen?«

## Bargeldloser Zahlungsverkehr

Eines Tages brachte mir der Postbote eine Karte folgenden Inhalts:

»Entweder du legst bis zum Donnerstag, unter den Stein, auf der Grünanlage, vor dem Wirtshaus, hunderttausend Złoty, oder du wirst sehen!« Unterschrift: »Oswald.«

Ich rechnete aus, daß mein Gehalt dafür nicht reichte. Was sollte ich tun? Ich wollte in meinem Alter nicht umkommen. Ich setzte mich hin und schrieb folgenden Brief:

»Sehr geehrter Herr! Entweder ich finde bis spätestens Mittwoch, vor dem Wirtshaus, auf der Grünanlage, unter dem Stein, hunderttausend Złoty, oder ich werde es Ihnen zeigen. Ihr Totenschädel. ps. Ich bitte nicht für mich, sondern für jemanden, der es braucht.«

Nach einigem Nachdenken strich ich ›hunderttausend‹ aus und schrieb ›hundertfünfzigtausend‹ darüber. Warum sollte ich bei dieser Gelegenheit nicht verdienen?

Jetzt mußte man nur überlegen, wem ich diese Karte schicken sollte, da sowieso niemand Geld besaß. Ich schickte sie schließlich an einen Kollegen, mit dem ich seit der Kindheit befreundet bin. Er hat auch kein Bargeld, aber ich kenne wenigstens seine Adresse, und er ist in Ordnung.

Am Mittwoch ging ich zur Grünanlage und sah unter den Stein. Geld war keins da, nur ein Brief:

»Verehrter Herr Schädel! Ich kann nur fünfzigtausend bringen, und das auch erst frühestens Freitag morgen.«

Auch gut, wenigstens so viel, dachte ich.

Im übrigen, woher sollte der Kollege so viel Geld haben?

Es näherte sich aber der fatale Donnerstag. Da ich immer noch kein Bargeld hatte, schrieb ich einen kurzen Brief und legte ihn unter den Stein. Das Briefchen lautete:

»Herr Oswald! Es tut mir leid, aber ich kann nur fünfzigtausend geben, und das frühestens am Samstag morgen.« Ich zeichnete: »Hochachtungsvoll – das Opfer.«

Nach kurzem Nachdenken strich ich ›fünfzigtausend‹ und schrieb ›fünfundzwanzigtausend‹. Warum soll ich bei der Gelegenheit nicht verdienen?

Am Freitag früh war kein Geld unter dem Stein, nur ein Brief:

»Lieber Herr Schädel. Ich bitte untertänigst für die Verspätung um Entschuldigung. Das Geld kommt, aber erst am Sonntag. Leider auch nur die Hälfte.«

Und dies sind die folgenden Briefe, meine an Oswald, und meines Opfers an mich:

»Herr Oswald, beenden wir das Ganze. Am Montag bringe ich hundert Złoty.«

»Herr Schädel! Leider bekomme ich erst am Montag fünfzig Złoty wieder von jemandem, der sie mir schuldet. Also frühestens am Mittwoch, okay? Ich küsse Sie auf die Wange.«

Und nach einer Woche, das war schon der nächste Freitag, fand ich unter dem Stein nur ein Päckchen *Giewont*-Zigaretten. Wenigstens etwas.

Nur, daß es sowieso *meine* Giewont waren.

## *Der Preis des Ruhms*

Auf dem karibischen Meer gab es viele berühmte Piraten, aber Kapitän Morgan war der berühmteste. Bis zu der Zeit, als der Ruhm des Kapitän Pedro Canibal seinem Ruhm gleichkam. Und es entstand zwischen ihnen ein Wettkampf um den Titel des berühmtesten Piraten. Derjenige, der tollkühnere, grausamere, unerhörtere Taten beginge, würde den Titel erhalten.

Kapitän Morgan schlich beim Schutz der Nacht zu dem uneingenommenen Fort Santa Rita la Mayor, nahm dessen Kommandanten gefangen und zog sich noch vor Morgengrauen zurück.

Aber Pedro Canibal entführte den Vizekönig um zwölf Uhr mittags und zündete außerdem noch die Stadt an.

Kapitän Morgan enterte den Schoner ›Azucena‹ und hängte die ganze Mannschaft auf. Aber Pedro Canibal köpfte nicht nur die ganze Mannschaft der Fregatte ›Margarita‹, sondern stopfte auch noch ihr Maskottchen, ihren Lieblingspapagei, mit Pulver voll, zündete ihn an und ließ ihn aus dem Käfig. Der Papagei explodierte im Fluge, als ihm schien, daß er der Gefahr entkommen sei. Kapitän Morgan erlaubte nicht für lange, daß sein Rivale ihn überflügelte. Er vergewaltigte persönlich den Erzbischof von Toledo, der gerade die überseeischen Missionen besuchte. Aber Pedro Canibal briet und aß den Sekretär des Erzbischofs, den er vorher auch noch lebendig im Gift einer Klapperschlange nach einem Rezept der Menschenfresser aus Amazonien mariniert hatte. Die Bewunderung der öffentlichen Meinung verteilte sich gleichmäßig auf beide, und bis jetzt war es keinem gelungen, den anderen zu überbieten.

Da verbreitete sich die Nachricht, daß eine Galeone mit sieben Masten nach Europa fahren sollte, beladen mit zehn Millionen Goldstücken und neunundneunzig minderjährigen Jungfrauen, den Töchtern der edelsten Geschlechter, bestimmt für die besten Klöster in Spanien. Beide Kapitäne beeilten sich gleichzeitig, eine so ungewöhnlich kostbare Beute zu fangen. Jeder wollte dem anderen zuvorkommen und ein für alle Mal den Wettkampf um den Titel des berühmtesten Piraten zu seinen Gunsten entscheiden.

Als Pedro Canibal auf das Deck der Galeone trat, triumphierte er. Obwohl er auf widrige Winde gestoßen war, hatte er nirgendwo Morgan gesehen, das Gold fand er an Ort und Stelle und die Jungfrauen schienen unberührt. Aber als er sie zu zählen begann, stellte sich heraus, daß ein Dukaten und ein Mädchen fehlten. Und auf der Tür der Kapitänskajüte fand er einen Zettel, der mit einem Dolch angeheftet war: DER REST IST FÜR SIE.

Pedro Canibal hat diese Schande nicht überlebt. Trotz seines vulgären Namens war er ein Ehrenmann. Kapitän Morgan aber blieb der berühmteste Pirat, obwohl er nur ein Stück Gold und nur eine Jungfrau – über die übrigens sehr verschieden geredet wurde – gewonnen hatte.

## Der Perverse

Es ging das Gerücht um, in unserem städtischen Park treibe ein Perverser sein Unwesen. Im Schutz der Dunkelheit nähere er sich einem Passanten, drücke ihm schnell fünfhundert Złoty in die Hand und verschwände spurlos.

Das erste Opfer war unser Kassierer. Er kam blaß wie eine Wand in die Kneipe und hielt einen nagelneuen Fünfhundertzłotyschein in der Hand. Er erzählte, was ihm passiert war, und dann spendierte er uns allen eine Runde, um sich etwas abzukühlen.

Die Nachricht von diesem Vorfall verbreitete sich wie ein Blitz und versetzte alle in verständliche Aufregung. Besonders besorgt waren die Eltern. Sie befürchteten, die Taten des Perversen könnten demoralisierend auf ihre Kinder wirken und ein schlechtes Beispiel geben. Den geheimnisvollen Typen nannte man ›Das Ungeheuer von der Promenade‹.

Der Park ist einsam, nicht erleuchtet, und man hätte schon lang erwarten müssen, daß dort irgendeine Schweinerei passiert. Trotzdem beschloß ich, das Risiko einzugehen und am nächsten Tag da lang zu laufen. Schließlich bin ich kein Feigling.

Die Nacht war finster, rabenschwarz, aber schon am Eingang konnte ich erkennen, daß im Park Massen herumspazierten. Offensichtlich hat das Volk Mut, und so ein x-beliebiger Perverser erschreckt uns nicht. Eher hatte es dieser Schamlose selber mit der Angst bekommen, denn obwohl ich hin und her wanderte, war keine Spur von dem Perversen zu entdecken.

›Na warte nur, du Schuft‹, dachte ich. ›Ich habe Zeit, ich bleibe, bis die anderen weggehen, und dann werde ich es dir zeigen.‹

Erst nach Mitternacht war ich allein im Park. Es war kalt, es nieselte, eine Herbstnacht, wie gemacht für einen Perversen. Ich begann mich unwohl zu fühlen.

Endlich sah ich: Eine Gestalt kroch aus dem Gebüsch und kam auf mich zu.

»Wollen Sie fünfhundert Złoty?« fragte er.

»Von mir aus«, sagte ich. »Ich ergebe mich dem Zwang.«

»Ich möchte auch fünfhundert Złoty«, er darauf. »Rück fünf Hunderter raus und du kannst gehen.«

Ich sah, daß er ein ordentlicher Mensch war, ein normaler, mit einem Schlagring und überhaupt nicht pervers. Er nahm mir nur zweiundachtzig Złoty und dreißig Groschen ab, denn mehr hatte ich nicht bei mir.

Aber ich bedaure diesen Verlust nicht. Hauptsache, die Gesellschaft ist gesund. Es gibt keine Perversen unter uns.

## Eine Nacht im Hotel

Ich war gerade am Einschlafen, als hinter der Wand ein lauter Knall ertönte. ›Nun ja, jetzt geht's los‹, dachte ich. ›Das wird genauso wie in der berühmten Anekdote. Der Nachbar zieht den Schuh aus und läßt ihn auf den Boden fallen. Und jetzt kann ich nicht einschlafen, bis er den zweiten auszieht, und darauf kann ich lange warten.‹

Wie groß war also meine Erleichterung, als unverzüglich ein zweites Gepolter erfolgte.

Ich schlief wieder ein, als hinter der Wand ein drittes Getöse losging und mich dem Schlaf entriß.

Das hatte ich nicht erwartet. Sollte mein Nachbar drei Beine haben? Unmöglich. Also hat er einen Schuh wieder angezogen und ihn wieder ausgezogen? Sehr unwahrscheinlich. Also habe ich offenbar zwei Nachbarn.

Damit begann meine Qual, genau wie ich vorausgesehen hatte. Das einzige, was mich durchhalten ließ, war die Hoffnung, daß er den zweiten Schuh ja irgendwann einmal ausziehen mußte. Aber die Nacht verging, und ein zweites, das heißt viertes Gepolter gab es nicht mehr.

Ich tat kein Auge zu und kam ziemlich erschöpft morgens zum Frühstück. Ich traf meinen Nachbarn. Ich sah mich nach einem zweiten um, aber der war nicht da, es gab nur einen. Der zweite war sicher betrunken eingeschlafen und schlief bis jetzt mit einem Schuh.

»Gibt es bei Ihnen Mäuse?« sprach mich der Nachbar an. »Denn bei mir sind welche. Sie haben einen solchen Lärm gemacht, daß ich einen Schuh nach ihnen werfen mußte, damit sie aufhörten.«

Seit dieser Zeit habe ich aufgehört, logisch zu denken. Eine einzige dumme Maus ist stärker als die ganze Logik, und Logik verursacht Schlaflosigkeit.

## Das Kommando

»Wir müssen die Reserve in Bewegung setzen«, sagte der Marschall zum Stabschef.

»Wir haben keine Reserven mehr«, antwortete der Stabschef.

»Und wozu gibt es Soldatenfriedhöfe?«

»Die Gefallenen sind nicht aktiv. Sie wurden in den Zustand ewiger Ruhe überführt.«

»Bürokratie! Sie wollen doch nicht annehmen, daß sich unter Hunderttausenden von Gefallenen nicht wenigstens einige Hundert finden lassen, die weiterhin dienen wollen. Ein echter Soldat hört selbst nach dem Tod nicht auf, dem Vaterland zu dienen.«

»Zu Befehl, Herr Marschall! Aber selbst für diese paar Hundert können wir nicht viel tun. Sie sind nicht mehr fähig zu weiterem Kriegsdienst.«

»Ich gestehe, daß mir die Bereitschaft zu weiteren Diensten allein nicht genügt. Aber ich denke an all diejenigen, die außer der Bereitschaft noch entsprechende Qualifikationen haben, um weiter nützlich zu sein. Unter den paar Hundert posthumen Freiwilligen findet man sicher ein paar zig, die sowohl die Bereitschaft als auch die Qualifikationen haben.«

»Was für Qualifikationen, Herr Marschall? Ich habe von solchen Qualifikationen bis jetzt nichts gehört.«

»Weil der Krisenstab sie bis jetzt nicht in Betracht gezogen hat. Auf allen Friedhöfen gibt es Vampire; also muß es auch welche auf den Soldatenfriedhöfen geben. Sie aber sind nicht von uns erfaßt worden, es gibt keinerlei Kontrollen von unserer Seite, eine sträfliche Vernachlässigung seitens der Armee. Die Kriegsvampire werden zivil vergeudet.«

»Wie lautet der Befehl, Herr Marschall?«

»Wir schaffen eine spezielle Abteilung, ein Vampirkommando. Dank der übernatürlichen operativen Fähigkeiten der Vampire wird diese Abteilung Aufgaben übernehmen, die für die gewöhnlichen Abteilungen unmöglich sind. Sie dringt in den Generalstab des Feindes ein und vampirisiert deren höchste Führer. Es ist bekannt, daß ein vampirisierter Marschall oder General selbst wiederum zum Vampir wird und seine allernächste Umgebung beziehungsweise seine direkten Untergebenen vampirisiert. Die Brigadeführer wiederum vampirisieren die Majore und die Kapitäne, die Epidemie reicht bis zu den Leutnants und dem Unteroffizierskader und schließlich bis zu der Masse der Gefreiten. Auf diese Weise wird die gesamte Armee des Feindes völlig ausbluten, ohne einen einzigen Schuß von unserer Seite.«

Aus Rücksicht auf die Erhabenheit des Unternehmens beschäftigte sich der Stabschef persönlich mit der Organisation des Vampirkommandos. Er besuchte Soldatenfriedhöfe, um die entsprechenden Kontakte zu knüpfen und mit der Rekrutierung zu beginnen. Aber die Versuche, Kontakt aufzunehmen, mißlangen, bis man plötzlich ahnte, was der Grund des Mißerfolgs war.

Je höher nämlich der Rang des Offiziers, desto älter war er auch und damit bereits ausgetrockneter. Doch die Vampire, selbst die Kriegsvampire sind eher geneigt, mit rotwangigen Personen in Kontakt zu treten, als mit Ranghöheren, aber verwelkten. Man schickte also Offiziere mit immer niedrigeren Rängen, bis man schließlich die Mission einem jungen Fähnrich mit außerordentlich roten Backen anvertraute, der schließlich Erfolg hatte.

Der Stabschef meldete sich beim Marschall.

»Auftrag erfüllt«, meldete er. »Das Vampirkommando ist bereit zum Kampf.«

»Ausgezeichnet, setzen Sie sich doch.«

Der Stabschef setzte sich auf den Sessel vor dem Schreibtisch des Marschalls.

»Welche Stärke? Was für eine Moral der Abteilung?«

»So lala«, antwortete der Stabschef und schob sich samt Sessel näher an den Schreibtisch.

»Weshalb nur so lala, es sollte bestens stehen. Sind das nicht unsere Soldaten-Vampire-Patrioten?«

»Doch ...«, bestätigte der Stabschef und schob sich noch näher heran.

»Warum ist ihre Moral dann nicht die allerbeste? Was haben Sie, Sie scheinen etwas schläfrig zu sein.«

»Weil ...«, begann der Stabschef, aber er unterbrach sich.

»Weil was? Und wieso starren Sie mich so an?«

Statt einer Antwort zog der Stabschef die obere Lippe hoch, unter der zwei riesige weiße Eckzähne zu Tage traten. Der Marschall sprang auf.

»Was soll das heißen?«

»Herr Marschall, ich weiß da keinen Rat, unsere ganze Armee ist schon ausgesaugt. Es hat von unten her begonnen, bei diesem Fähnrich, und ging nach oben, bis zu mir. Da fragen Sie nach der Moral? Wie soll die Moral sein, wenn das Personal aufwärts saugen muß, immer weniger appetitlich. Sie als der Oberste Heerführer sind bereits der letzte, der übriggeblieben ist. Jetzt muß ich Sie beißen, obwohl ich melde, daß ich das überaus ungern tue. Als Ältester sind Sie einfach hoffnungslos, die reinste Anämie, aber ich habe keine andere Wahl.«

Er sagte es, stand auf, öffnete den Mund und bereitete seine Eckzähne zur Aktion vor.

»Verrat!« schrie der Marschall. »Ihr solltet den Feind attackieren und nicht die eigenen Vorgesetzten!«

Der Stabschef verschmälerte die Breite seiner geöffneten Kiefer, aber nur um eine Erklärung abzugeben.

»Sie haben eins vergessen: Es herrscht Frieden, wir sind mit niemandem im Kriegszustand. Was also sollen wir machen?«

Und er versenkte die Zähne in die Kehle des Obersten Heerführers.

## Der Schwan

Im Park befand sich ein Teich. Seine Zierde war ein Schwan. Eines Tages war der Schwan verschwunden. Halbstarke hatten ihn gestohlen.

Der Vorstand der Städtischen Grünanlagen besorgte einen neuen Schwan. Um ihm das Los seines Vorgängers zu ersparen, wurde ihm ein eigener Wächter zugeteilt.

Dieser war ein alter, seit Jahren vereinsamter Mann. Als er seinen Posten antrat, begann es abends bereits kalt zu werden. Niemand kam mehr in den Park. Der Alte ging um den Teich herum, paßte auf den Schwan auf und sah manchmal in die Sterne.

Ihn fror. Er hatte Lust, auf einen Sprung in die kleine Wirtschaft in der Nähe des Parkes zu gehen. Schon wollte er sich auf den Weg machen, als ihm der Schwan einfiel. Er befürchtete, dieser könne während seiner Abwesenheit gestohlen werden. Dann verlöre er seinen Posten. Er verzichtete also auf den Gang.

Aber die Kälte quälte ihn immer mehr und vertiefte seine Einsamkeit. Schließlich beschloß er, zusammen mit dem Schwan in die Wirtschaft zu gehen. Selbst wenn jemand in den Park käme, um sich der schönen Natur zu erfreuen, würde er das Fehlen des Schwans nicht sofort bemerken. ›Die Nacht ist sternenklar, aber ohne Mondschein, und wir kommen gleich zurück‹, dachte er und nahm den Schwan mit.

Die Wirtschaft war voll Wärme und Bratenduft. Der Alte setzte den Schwan sich gegenüber auf einen Stuhl, um ihn im Auge zu behalten. Dann bestellte er ein bescheidenes Mahl und ein Gläschen Wodka, um sich aufzuwärmen.

Als er sein Hammelfleisch mit Lust und Zufriedenheit verzehrte, fiel ihm auf, daß ihn der Schwan eigenartig ansah. Der Vogel tat ihm leid. Solange dieser vorwurfsvolle Blick auf ihm ruhte, konnte er nicht essen. Er rief den Kellner und bestellte für den Schwan eine in warmem, gezuckertem Starkbier aufgeweichte Semmel. Der Schwan wurde fröhlich, und nachdem sie ihr Mahl beendet hatten, kehrten beide munter und zufrieden auf ihren Posten zurück.

Am nächsten Abend war es wieder kalt. Die Sterne glänzten besonders stark, und jeder Stern war wie ein kalter Nagel im warmen, einsamen Herzen des Alten. Aber er kämpfte gegen die Versuchung.

In der Mitte des Teichs schwamm als sanft leuchtender weißer Fleck der Schwan.

Bei dem Gedanken, welch ein Schauer jeden durchdringen müßte, der in einer solchen Nacht mit Wasser in Berührung käme, wurde der Alte ganz gerührt. Sollte der arme Schwan gar nichts vom Leben haben? Bestimmt würde er lieber in einer warmen Ecke sitzen und etwas essen.

Er nahm also den Vogel unter den Arm und begab sich in die Wirtschaft.

Und wieder kam ein Abend, und wieder überfiel Melancholie den Alten. Aber diesmal war er fest entschlossen, nicht in die Wirtschaft zu gehen. Gestern auf dem Nachhauseweg hatte der Schwan getanzt und unglaubliche Sachen gesungen.

Als er am Ufer saß und in den Himmel oder in den leeren, beißend kalten Park blickte, fühlte er plötzlich ein zaghaftes Zupfen an seinem Hosenbein. Der Schwan war ans Ufer geschwommen, um ihn an etwas zu erinnern. Da gingen sie.

Einen Monat später wurde der Alte zusammen mit dem Schwan entlassen. Der Schwan torkelte am hellichten Tage auf dem

Wasser. Die Mütter, die mit ihren kleinen Kindern in den Park kamen, um sich zu erholen und den Vogel anzusehen, hatten sich beschwert. Der Kinder wegen. Daraus ersieht man, daß moralische Haltung auch für den bescheidensten Posten erforderlich ist.

## Sie

Es kann passieren, daß ein Unglück nicht nur Menschen trifft. Als Beispiel erzähle ich die Geschichte von einer Flinte.

Mein Freund, ein Forschungsreisender, der unter ungeklärten Umständen gestorben war, hinterließ mir in seinem Testament eine Flinte. Ein Prachtexemplar.

Um so merkwürdiger war: den Tieren gefiel sie ebenfalls.

Als ich sie zum erstenmal mit auf die Jagd nahm, bemerkte ich sofort eine interessante Sache: Die wilden Tiere nähern sich uns geradezu vertraulich. Ob Wolf, Wildschwein oder Hirsch, alle wollen in der

Schußlinie sein. Immer öfter kommt eins keuchend aus dem Wald gelaufen und stellt sich in einer Reihe auf. Manche drängeln sich sogar vor. Daraus entstehen Durcheinander und Chaos. Von überall her stürzen gewöhnlich scheue und mißtrauische Tiere, die im allgemeinen weder jemanden nah an sich heranlassen, noch von sich aus an jemanden herangehen. Aber offensichtlich überzeugt die schöne Flinte alle und mildert die Sitten.

Ich sehe, daß ich mich nicht zu beeilen brauche, ich stehe also unter einer Eiche, rauche eine Zigarette und warte, bis sie sich in Reih und Glied aufgestellt haben. Schließlich haben sie sich untereinander geeinigt. Sie haben entschieden, daß ein Eber als erster das Vergnügen haben soll. Dagegen ist nichts zu sagen, Hauer hat er wie Husarensäbel, kleine, böse Augen und die größte Lust. Ich gebe ihm also ein Zeichen, daß ich einverstanden bin. Ich spanne den Hahn und ziele auf ihn. Der Eber reißt den Schweineschwanz vor Freude in die Höhe und stürzt vorwärts. Ich drücke ab. Aber anstatt des Schusses höre ich, wie die Flinte »p... p... p...« von sich gibt.

Ich hatte keine Zeit nachzudenken, ich schaffte es kaum, hinter den Baum zu springen. Das Wildschwein stürzte an mir vorbei und verschwand zweigeknackend im Wald. Und die Flinte nichts als: »P... p... p...«

Das Wildschwein hatte einen solchen Schwung, daß es, obwohl es versuchte, sich zu bremsen, bis zum Abend vor dem Dorf nicht zum Stehen kam. Das haben mir hinterher Bauern erzählt, die es gesehen haben.

Und die Flinte wiederholte weiter: »P... p... p...«

Klar, daß hier was nicht in Ordnung war.

Die Tiere standen und warteten, bis sie allmählich murrend auseinanderliefen, und einige feixten sogar.

Und meine Flinte: »P... p... p...«

Ich setzte mich ins Eichengehölz. Mal streichelte ich sie in der Hoffnung, daß sie sich beruhigte, dann wieder hämmerte ich aus Wut und Enttäuschung mit Fäusten auf sie ein. Schließlich legte ich sie auf das Moos, streckte mich selber daneben aus und zog meine Mütze über das Gesicht. Ich schlage sie nicht mehr, aber beruhige sie auch nicht mehr. Ich denke nur nach. Sie liegt der Länge nach da und wird fast geschüttelt von diesem ihrem: »P... p... p...«

Soll es sie doch schütteln.

Und plötzlich fällt ein Schuß.

»P... p... p... Pif-paf!«

Ich sprang auf. Ich mußte inzwischen eingenickt sein, denn die Sonne ging schon unter. Das heißt, sie hatte sich den ganzen Nachmittag so gequält.

Jetzt verstand ich: Ich hatte eine Stotter-Flinte.

Ich habe von verschiedenen Flinten gehört. Angeblich gab es mal eine, die man in

Gegenwart von Kindern nicht benutzen konnte, weil sie unanständig schoß. Eine andere wieder – ein Stutzer, glaube ich – schoß mit ausländischem Akzent. Aber das waren immer Waffen, die ihrer Bestimmung nachkamen. Aber ein Stotterer? Das passierte zum erstenmal und ausgerechnet mir. Was für eine Schande, was für ein Ärger.

Denn was sollte ich mit ihr tun? Sie wegzugeben schickte sich eigentlich nicht. Schließlich war es ein Geschenk meines Freundes. Sie in Ruhe lassen, nicht benutzen... Ja, ich konnte sie einfach nicht benutzen. Aber mir tat der arme Krüppel leid. War es ihre Schuld, daß sie ein solches Handicap hatte?

Das waren alles aber nur Ausreden. Was gibt es da zu verbergen – sie war mir irgendwie ans Herz gewachsen.

Ich brachte sie zum Büchsenmacher. Er sah sie sich genau an. Er untersuchte sie lange. Schließlich sagte er: »Mein lieber

Herr, ich habe lange keine so schöne Flinte mehr gesehen. Ihr fehlt nichts.«

Ich erzählte von dem Stottern.

»Es kann schon sein, daß sie zu nervös ist. Diese Art von Flinten ist sehr empfindlich, weil sie eben von höchster Qualität sind. Woher haben Sie sie?«

Ich erzählte, woher ich sie hatte.

»Das heißt, eingeführt aus exotischen Ländern? Wer weiß, was sie da erlebt hat... Möglich, daß sie früher während einer Jagd einen Schock bekommen hat. Es gibt Dinge, die Spuren hinterlassen.«

»Ist das heilbar?«

»Zunächst einmal Ruhe und behutsame Behandlung. Eine Jagd ist ausgeschlossen, solange sie nicht zu sich selber kommt. Später kann man vorsichtig mit Haustieren anfangen und abhängig von dem Resultat langsam auf kleinere Tiere im Freien übergehen: Fliegen, Getreidekäfer... Dann kann man sie von Zeit zu Zeit mal mit in den Wald nehmen und ihre Reaktionen beobachten. Wenn sie sich gut fühlt, kann man es mal mit einem Pilz probieren. Aber schon bei Fliegenpilzen sollte man aufpassen, denn das ist ein boshafter Pilz. Bei den ersten nervösen Anzeichen sofort aufhören. Auf richtiges Wild zu schießen, davon würde ich für lange Zeit abraten. Bitte kommen Sie nach einiger Zeit wieder zu mir.«

Und er streichelte meine Flinte zärtlich, oder sogar – schien es mir – ein wenig zu zärtlich. Mir gefiel diese Geste nicht.

»Und wenn Sie mit ihr nicht zu Rande kommen sollten...«

»Was dann?« fragte ich rauh.

»...dann könnte ich sie eventuell nehmen«, sagte er, wobei er gleichgültig die Decke betrachtete. Zu gleichgültig für meinen Geschmack.

Ich dankte ihm kühl und versprach, seine Empfehlungen zu beachten.

Um der Flinte größtmögliche Ruhe sichern zu können, legte ich sie in die Orangerie. Dort dringt kein Lärm hinüber, niemand kommt dort hin außer dem Gärtner. Und der, verliebt in seine Pflanzen, interessiert sich nicht für Schußwaffen. Das Gewächshaus hinten im Garten liegt still und friedlich. Die Flinte erholte sich auf dem Tisch, im Futteral, zwischen Blumen und Zitronenbäumen. Sie fühlte sich da wohl. Keine Tiere, ausschließlich Pflanzen. Sie konnte zu sich kommen.

Ich besuchte sie häufig. Ich öffnete das Futteral und setzte mich ihr gegenüber. Das gleichmäßig streuende, sanfte Licht der Orangerie unterstrich noch die Schönheit ihrer oxidierten Läufe, die in tiefer, dunkler, aber reiner Tönung wie ein Bergsee glänzten. Wenig später verbot ich sogar dem Gärtner den Zutritt zum Gewächshaus und übernahm die Pflege der Blumen selber. Ich wollte nicht, daß sie ein Fremder störte. Ich glaube, sie weckte in mir ein zärtliches Gefühl, wie man es einem wehrlosen und ausschließlich auf unsere Fürsorge angewiesenen Geschöpf gegenüber hat.

Einmal besuchte mich der Büchsenmacher. Er redete lange drumherum, bevor er fragte, wie es der Flinte gehe. Ich antwortete höflich, daß es ihr von Tag zu Tag besser gehe, aber ich ließ ihn nicht in die Orangerie. Er wechselte das Thema, aber ich sah an seinen suchenden Augen und seinen zitternden Händen genau, daß ihn nur die Flinte interessierte.

Meistens saß ich tagsüber bei der Flinte, aber dann geschah etwas, das mich veranlaßte, meine Wachsamkeit zu verstärken. Der Gärtner ließ mich nämlich wissen, daß in der Nacht jemand seine Beete zertrampelte. Ich besah mir die Spuren. Ja, ganz offensichtlich lief da jemand um die Orangerie. Ich hatte den Büchsenmacher im Verdacht.

Ich stellte ein Feldbett in der Orangerie

auf und übernachtete dort. Unvergeßliche Abende! Beim Schein des Vollmonds glänzte sie noch zarter als am Tag; im Mondlicht, gefiltert durch das gläserne Dach im betäubenden Duft der Orchideen. Ich verbrachte lange Stunden vor ihr, bis zur Morgendämmerung. Erst dann legte ich mich schlafen.

Eines Nachts übermannte mich der Schlaf. In der Orangerie war es stickig. Ich erwachte durch das Krachen und Klirren gläserner Tafeln und einen kühlen Luftzug. Aus dem Schlaf gerissen, leitete mich nur ein Reflex. Ich griff, zielte, schoß.

Ja, ich schoß. Denn ob sie nun schon gesund war oder ob sie das etwa für mich getan hat – diese letzte, mörderische Anstrengung ... Es ertönte ein ergreifend schöner Schuß, der schönste, den ich je in meinem Leben gehört habe. Vor mir lag unser Eber, ins Herz getroffen. In seinen Augen – für immer festgehalten – ein Ausdruck des Entzükkens.

Aber dieses Ereignis war zu viel für die Flinte. Sie kam danach nie wieder zu sich. Sie hörte sogar auf zu stottern, sie verstummte für immer. Was gäbe ich darum, wenigstens dieses ihr »p... p... p...« zu vernehmen.

Und bis zum heutigen Tag bin ich verzweifelt darüber, daß ich diesen ihren einen einzigen Schuß, den letzten Schuß, diese unwiederbringliche Gelegenheit, ihre Einwilligung, ihre Gunst – an ein dummes Tier abgetreten habe.

## *Hoffnung*

Eines Tages erhielt ich einen Brief. Daran war nichts Besonderes, wenn dieser Brief nicht einen merkwürdigen Inhalt gehabt hätte, oder vielmehr keinen Inhalt. Ich riß den Umschlag auf wie gewöhnlich und fand einen Bogen Papier, ganz weiß, weder von der einen noch von der anderen Seite beschrieben. Auf dem Umschlag nur meine Adresse, kein Absender, und der Poststempel eines bekannten Ortes. War das Zerstreutheit oder ein dummer Scherz?

Einige Tage danach erhielt ich wieder so eine Sendung. Dann ist es wohl keine Zerstreutheit, sondern vielmehr ein dummer

Witz, sagte ich mir verdrießlich und warf den Brief in den Papierkorb. Jene Geste der bewußten Verachtung, der Überlegenheit und der Distanzierung schien mir gleich verdächtig. Gegen wen richtete ich sie? Schließlich war der Absender des Briefes, der Urheber jenes Scherzes, nicht im Zimmer und konnte so auch nicht Zeuge dieser Manifestation werden. Also diente die Geste meiner eigenen inneren Befriedigung, offensichtlich fühlte ich mich in der Tiefe meiner Seele durch meine unpassende Neugier verspottet, betroffen, daß man mich foppte. Erniedrigt, weil ich mich foppen ließ.

Ich beschloß also, *solche* Briefe nicht mehr zu öffnen. Aber wie sollte ich wissen, ob es *solch* ein Brief war oder ein gewöhnlicher, ohne ihn vorher aufzumachen? Die meisten Briefe kamen im allgemeinen in ähnlichen, undurchsichtigen Umschlägen.

Ich werde sie am Poststempel des Ortes erkennen, dachte ich. Aber dieser Ort war eine recht große Stadt. Es könnte passieren, daß mir jemand, der mir wirklich was zu sagen hat, von dort einen Brief schreibt. Es wäre zumindest unvernünftig, sich wegen eines Scherzboldes des Kontaktes mit der Welt zu begeben.

Auf diese Weise erhielt ich noch drei weitere leere Blätter Papier. Jedesmal erlebte ich die gleiche schmähliche Enttäuschung. Wir wissen alle, was für eine Freude einem der Augenblick bereitet, in dem wir aus den Händen des Briefträgers eine noch unbekannte, aber unter allen anderen Menschen nur uns zugedachte Sendung in Empfang nehmen. Es mochte so scheinen, als ob jemand beschlossen hätte, mir brutal jede Neugier, jede Erwartung abzugewöhnen und mich damit des Sinnes meines Lebens zu berauben, das heißt, mich zu töten. Scheinbar aber ließ er mich am Leben und umging so Untersuchung und Strafe.

Erbittert nutzte ich die erste beste Gelegenheit und fuhr in jene Stadt. Ich hoffte, vielleicht einige Bekannte zu treffen, die sich durch ihr Verhalten, durch die Unbeherrschtheit ihrer Mienen, ihrer Gesten oder ihrer Worte verraten und sich zur Urheberschaft dieser lästigen Briefe bekennen würden. Ohne jemandem etwas zu sagen, führte ich meine Absicht aus.

Schon auf dem Bahnhof, kaum daß der Zug hielt, sah ich mich argwöhnisch auf dem Bahnsteig um, als wenn sich in der Menge der Reisenden, die ja nicht unbedingt Einwohner dieser Stadt sein mußten, mein Verfolger verstecken könnte.

Während ich im Hotel die Meldeformalitäten erledigte, sagte der Portier, als er meinen Namen hörte: »Da ist was für Sie«, und er griff ins Fach nach einem Brief. Ich öffnete ihn spontan, denn es war schwerlich zu erwarten, daß ich wiederum ein leeres Blatt vorfinden würde. Und trotzdem war es ein leeres Blatt.

Ich werde verfolgt, kam mir in den Sinn. Aber am Datum des Stempels war zu erkennen, daß der Brief bereits vor zwei Tagen abgeschickt worden war. Aus dem Stempel ging ebenfalls hervor, daß der Brief in der Stadt abgeschickt worden war, die ich gerade vor ein paar Stunden verlassen hatte.

Das beweist gar nichts. Sowohl ein Datum wie einen Stempel kann man fälschen. Aber woher war bekannt, daß ich hierher reise? Der Portier behauptete, der Brief warte bereits seit gestern auf mich. Man habe ihn nicht zurückgeschickt in der Meinung, daß ich den Absender kennte und ihm selber die Adresse des Hotels angegeben hätte, in dem ich mich aufhalten würde. Im übrigen war der Absender nicht bekannt.

Der Portier konnte ebenfalls mit ihnen unter einer Decke stecken. Die Durchführung einer so komplizierten Operation erforderte die Teilnahme nicht einer, sondern vieler Personen. Ein Scherz kam bereits nicht mehr in Frage. Ein viel zu großer Aufwand an Mühe und Unternehmungsgeist, als daß es ein Scherz sein konnte. Wenn aber kein Scherz, was dann?

Auf diese Frage suchte ich noch in derselben Nacht eine Antwort in dem Zug, der mich wieder zurückbrachte, und an den darauffolgenden Tagen. Logisch betrachtet, sah es so aus: Wenn ein Scherz ausgeschlossen war, dann entfiel die Möglichkeit, daß der Brief nichts bedeutete, daß er nur ein Selbstzweck war, ohne jede Absicht. Also mußte man zu der Auffassung zurückkehren, daß jedes leere Blatt Papier irgendeinen individuellen Inhalt vermitteln wollte, jedes einen anderen. Sympathetische Tinte! Eine Geheimschrift, die erst unter dem Einfluß entsprechender chemischer Faktoren zutage trat! Ich sprang auf. Die Laboratoriumsversuche bewiesen einwandfrei: Es waren nur leere Papierblätter, nichts weiter.

Aber sie mußten irgendeinen verborge-

nen Inhalt haben. Wenn die Versuche, sie
wörtlich zu entziffern, fehlgeschlagen waren,
dann mußte man auf anderen Wegen zur
Klärung gelangen, mit Hilfe psychologischer
Erklärungen die Motive bestimmen, die den
Absender leiten mochten.

Eine schüchterne Liebeserklärung? Aber
ja! Vielleicht sandte mir, veranlaßt durch das
Bedürfnis nach einem Geständnis, aber zu-
rückgehalten durch die Scham, eine unbekannte Frau diese leeren Blätter. Der Kom-
promiß zwischen Gefühl und Anstand hatte
eine Blankoform gefunden. Diese Entdek-
kung tröstete mich sehr. Ich kaufte mir eine
neue Krawatte und summte zwei Tage lang
beim Rasieren vor mich hin. Der Unbekannten gegenüber empfand ich eine Art wohl-
wollender Nachsicht, die zwischen Verle-
genheit und guter Laune schwankte. – Arme
Kleine... dachte ich mit listigem, gönnerhaf-
tem Lächeln – schüchtern und leidenschaftlich zugleich, wieviel Zauber liegt darin.

Kleine? Ich begann zu grübeln. Nein, jemand, der über solche Mittel verfügt, vielleicht über eine ganze Organisation, verdiente eine solche Bezeichnung nicht. Das mußte eine große Dame sein, jemand von internationalem Rang. Um so ungewöhnlicher erschien der ganze Fall! Wie stark muß ein Gefühl sein, das selbst eine so überdurchschnittliche Frau lähmt und sie in einen Teenager verwandelt. Ich muß mir noch Gamaschen kaufen.

Diese fröhliche Stimmung ließ allmählich nach und verflog völlig, je länger ich weitere leere Papierblätter erhielt. Der Flirt dauerte schon zu lange, als daß ich nicht daran hätte zweifeln müssen, ob es sich überhaupt um eine Herzensangelegenheit handelte. Selbst der schüchternste Backfisch könnte seinem Geliebten nur ein, höchstens zwei solcher Blätter schicken und würde im zweiten oder dritten Brief kaum auf ein wenigstens andeutungsweises Geständnis verzichten. Da kam mir eine Vermutung von leider völlig anderer Art.

Eine Erpressung! Der Absender forderte ein Lösegeld. Schon die Tatsache, daß die Blätter leer waren, zeugte von der Schlauheit, der Perfidie und der Vorsicht der Übeltäter. Das waren keine primitiven, beliebigen, hingekrakelten Drohungen der Art: »Wenn Sie nicht dort und dort die und die Summe hinterlegen, dann…« Ich hatte es offensichtlich mit einer erfahrenen Bande zu tun, die sich nicht auf frischer Tat ertappen ließ. Mein hervorragendes Selbstgefühl schwand. Angst tauchte auf. Jede Nacht verbarrikadierte ich die Tür. Bis ich mir bewußt machte, daß es so nicht weitergehen konnte. Daß ich begann, das Opfer meiner eigenen Hirngespinste zu werden. Daß ich mir, wenn ich nicht alles nüchtern überdachte und keine entsprechenden Schritte unternahm, wer weiß welche Bedeutung aus diesen stummen Briefen heraussuchte.

Vor allem mußte ich mich eine Zeitlang von ihnen befreien. Ach, wenn doch nur in einem der folgenden leeren Briefe wenigstens gestanden hätte: Du Schwein! Es wäre mir gleich besser gegangen. Ich hätte mit Freuden sogar Beschimpfungen akzeptiert, Hauptsache, es wären artikulierte. Diese Briefe sagten nichts und verpflichteten mich trotzdem durch ihr bloßes Dasein zu etwas, was ich eben nicht ergründen konnte. Denn sie enthielten schließlich irgendeine Nachricht, vielleicht eine Empfehlung, vielleicht eine Herausforderung, vielleicht wollte man, forderte, brauchte man etwas von mir, aber ich war dem nicht gewachsen und fühlte mich schuldig. Eine Verpflichtung ohne Einschränkung, ein Zwang ohne Befehl – das ist sehr quälend.

Deswegen nahm ich freudig die Einladung zu einer Wildentenjagd an, die in den großen Sümpfen, in einem der entferntesten Winkel des Landes, stattfinden sollte. Dieses Gebiet

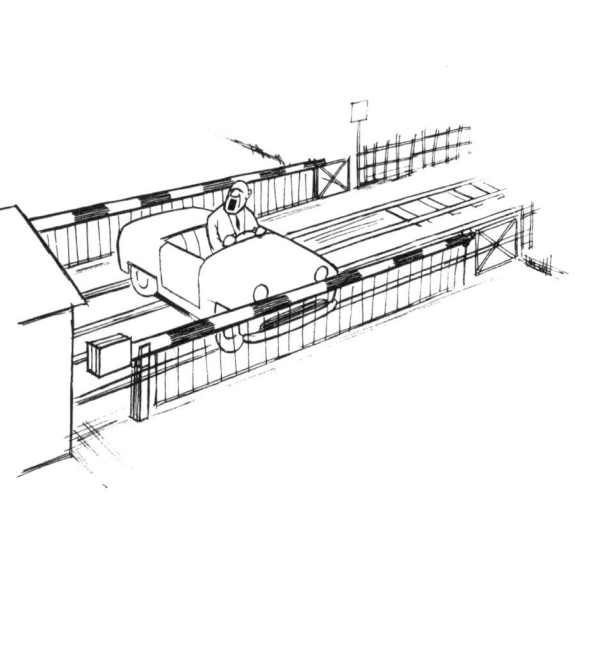

von der Größe einer Wojwodschaft konnte
man nur mit Kähnen durchqueren. Ein Leben voller Anstrengungen und Aufregungen
sowie das Fehlen jeglichen Postamtes kamen
mir sehr entgegen.

Wir saßen auf einer kleinen Insel auf
der Lauer, die Sonne ging unter, und ein
Schwarm von Wasservögeln zog heran. Unser Führer, der mit den Gewohnheiten der
Tiere vertraut war, bedeckte die Stirn mit
der Hand:

»Merkwürdig«, sagte er schließlich, »ich
würde nicht meinen Kopf dafür hinhalten,
daß die zweite von links eine Wildente ist.«

Ich strengte meine Augen an, aber ich
konnte mich nicht mit dem adlergleichen
Scharfblick des Jägers messen. Ich ergriff ein
Fernrohr und richtete es auf die Vögel. Als
vorletzte von links flog eine Brieftaube.

Ohne Zeit zu verlieren, vertauschte ich
das Fernrohr mit der Flinte und schoß mit
aller mir zur Verfügung stehenden Kunst-

fertigkeit. Die Taube löste sich aus dem Schwarm, und bewußtlos kreisend ging sie in den Wassern des Sees unter, weit entfernt von unserer Insel. Die aufgeschreckten Enten änderten ihre Flugrichtung und verschwanden am Horizont. Die Kameraden, denen mein verfrühter Schuß die Jagd verdorben hatte, fluchten laut auf mich.

Die Sonne war schon untergegangen, als ein Plätschern am Ufer zu hören war. Aus dem schwankenden Röhricht grub sich mein treuer Hühnerhund hervor. In der Schnauze hatte er den toten Postillon. Unmerklich begann ich mich in Richtung des Kahns zu schleichen.

»He, das ist für dich!« riefen die Kameraden und schwenkten einen blauen Umschlag. Ein Zellophanbeutel hatte ihn vor der Nässe geschützt.

Ich tat so, als wollte ich den Brief allein lesen, und ging direkt ans Ufer. Ja, es war der gleiche Umschlag. Ich kannte den Charakter

der Handschrift, die sie alle adressiert hatte,
schon zu gut, um mich täuschen zu können.
Ohne ihn zu öffnen, zerriß ich ihn in kleine
Fetzen und verstreute sie im Schilf.

Es war schon fast dunkel. Wir lagen am
flackernden Feuer.

»War es was Wichtiges?« fragten mich die
Gefährten.

»Ach nein«, antwortete ich und wurde mir
plötzlich bewußt, daß ich nicht wußte, ob
ich log oder die Wahrheit sagte. Ich sprang
hoch und lief ans Ufer. Ich ging ins Wasser.
Ich watete bis zur Gürtellinie hinein, bis zu
den Schultern, ich zerteilte fieberhaft das
Schilf. Zu spät. Es wurde mit jedem Moment
dunkler, die Papierstückchen waren durch-
näßt auf den Grund gesunken, träge Strö-
mungen hatten sie auf dem See verteilt, sie
hatten sich in den Wurzeln der Wasserpflan-
zen verfangen.

Nun ja, vielleicht stand nichts drin, ganz
sicher nicht…

Wieso sollte es diesmal etwas gewesen sein?

Es war nichts.

Und wenn doch?

## Der Schornstein

Es sollte eine ökologische Kommission anreisen, um zu untersuchen, ob wir nicht zu viel verpesten. Natürlich verpesteten wir, wer verpestet nicht? Außerdem ist unsere Fabrik ausgerechnet im Wald, sie werden es uns übelnehmen, daß wir die natürliche Umgebung vernichten. Aber welche sollen wir sonst vernichten, die unnatürliche?

Aber wir bekamen einen Rat. Die Kommission ist schließlich nicht lange da, ein Blick auf den Fabrikschornstein reicht ihr. Also werden wir den Schornstein während ihres Aufenthaltes verstopfen. Sie kommen, werden sehen, daß er nicht raucht, und fahren wieder ab. Dann macht man den Schornstein wieder auf, und alles kehrt zum Normalen zurück.

Und so war es tatsächlich. Sie kamen angereist, guckten und lobten uns sogar für die musterhafte Nichtverpestung. Sie wunderten sich nur ein bißchen, daß der Wald so mit Ruß bedeckt war; aber es war klar, daß das nicht unsere Schuld war.

Leider ließen sie sich, statt gleich wieder abzufahren, im Wald zu einem Picknick nieder. Wir erklärten ihnen, daß das im Hinblick auf den Ruß nicht gesund sei, aber es half nichts. Erst gegen Abend, als sie schon was getrunken hatten, fuhren sie weg. So schnell wie möglich öffneten wir wieder den Schornstein, aber es war schon zu spät. Das Begräbnis unseres Heizers, der inzwischen aufgrund der langen Verstopfung des Schornsteinschachts an Kohlenmonoxydvergiftung gestorben war, fand auf Kosten der Firma statt.

Man sagt, daß die Ökologie, das heißt der Umweltschutz, nur Gesundheit für den Menschen bedeutet. Aber das ist nicht wahr: Ökologie tötet.

## Die Zukunft

Die Zukunft ist unbekannt, aber wozu gibt es Prophezeiungen? Die Alten weissagten aus dem Vogelflug und erfuhren so, was sie erwartete. Ich kann mir auch weissagen. Ich ging in den Park, wo es viele Vögel gibt. Einige flogen umher, andere saßen auf den Bäumen, andere hüpften herum. Aber mich interessierten nur die fliegenden. Ich warf den Kopf zurück und begann sie zu beobachten. Ich mußte nicht lange warten, bis ich einen Klacks auf der Glatze spürte, ein klares Symbol für meine Zukunft.

Und ich habe eine Lehre gezogen: Nie aus dem Vogelflug zu weissagen ohne Hut.

## Der Misanthrop

Das Abteil war leer. Ich setzte mich ans Fenster und schlug ein Buch auf.

Ich hörte das Schurren sich öffnender Türen. Es kam ein Typ mit einem großen Koffer herein. Ich kehrte zu meiner Lektüre zurück, weil ich keine Lust hatte, Bekanntschaften zu schließen. Der Verlust meiner Einsamkeit war genügend unangenehm.

»Sie sitzen auf meinem Platz.«

»Auf Ihrem Platz?«

»Bitte, sehen Sie nach.«

Ich hatte vergessen, in welche Tasche ich meine Karte gesteckt hatte, endlich fand ich sie.

»Bitte, Platz Nummer vierunddreißig, und das ist die Nummer neununddreißig.«

Ich setzte mich gegenüber hin. Ich hatte nicht die Absicht, den Fensterplatz zu verlassen, weil ich die Landschaft betrachten wollte.

»Ihr Gepäck.«

»Mein Gepäck?«

Er zeigte auf die Ablage.

»Ach, es geht Ihnen um meinen Mantel…«

»Nach den Vorschriften ist das Gepäck, weil es sich an dem Ort befindet, der für Gepäck vorgesehen ist.«

Ich nahm den Mantel von der Ablage. Mit Mühe brachte er dort seinen Koffer unter, wobei er mich belehrte, daß dieser Abschnitt des Gepäcknetzes ausschließlich dem Passagier gehört, dem rechtmäßig der Platz neununddreißig zustand. Der Zug ruckte an, etwas gewaltsam. Ich begann, die Landschaft zu betrachten.

»Sie sitzen auf dem Platz Nummer achtunddreißig.«

Ich sah mich um, tatsächlich, an der Lehne war ein Emailleschildchen mit dieser Nummer.

»Der Platz Nummer vierunddreißig ist da.«

Er zeigte auf die Ecke bei der Tür.

»Ist das nicht egal? Das Abteil ist doch fast leer.«

»Es geht ums Prinzip.«

Ich hatte die Wahl: entweder mich in den offenen Konflikt mit diesem Besessenen zu stürzen oder ihm nachzugeben. In jedem Fall hätte ich ihm eine Genugtuung bereitet, wenn auch in jedem Fall eine andere. Ich beschloß also, das Abteil zu verlassen.

Ich stand auf und verlor fast das Gleichgewicht, der Zug beschleunigte und schüttelte die Waggons hin und her. Der Koffer über seinem Kopf schob sich an den Rand der Gepäckablage. Ich wurde mir bewußt, daß man weitere Beschleunigungen abwarten müßte.

Wortlos setzte ich mich auf den Platz Nummer vierunddreißig, um, weniger bequem, die Landschaft zu betrachten, dafür war hier eine bessere, weil diagonale Sicht auf den Koffer über dem Kopf meines Mitreisenden.

Der Zug bremste, und der Koffer zog sich in die hintere Ecke der Gepäckablage zurück. Ich begann zu zweifeln, ob meine Berechnung richtig war. Vielleicht wäre es doch besser, das Abteil zu verlassen?

»So ist es, mein Herr. Man muß immer die Vorschriften beachten.«

Er belehrte mich triumphierend.

Das entschied die Angelegenheit, und ich beschloß auszuharren. Schließlich war der Zug noch gar nicht in voller Fahrt gewesen und man konnte noch Hoffnung haben.

Ich schloß die Augen. Neben der Lektüre und dem Betrachten der Landschaft ist das

Dösen die dritte Annehmlichkeit der Reise. Aber ich döste nicht wirklich. So konnte ich unter den geschlossenen Lidern die Gepäckablage beobachten, ohne seine Aufmerksamkeit zu erregen, was ich weder während des Lesens noch während des Betrachtens der Landschaft tun konnte.

Meine Berechnung erwies sich als richtig. Langsam, aber sicher rutschte der Koffer zum Rand. Zwischen mir und seinem Schwergewicht knüpfte sich eine intensive Verständigung an. Der kritische Moment kam näher.

Aber ich beschloß, ihm eine Chance zu geben. Nicht aus humanitären Gründen, noch weniger aus Nächstenliebe – aus Neugier.

»Sie sind, scheint es, ein Anhänger von Vorschriften. Darf man wissen weshalb?«

Er wurde lebhaft, offensichtlich war das sein Lieblingsthema.

»Vorschriften, mein Herr, sind notwendig, damit Ordnung herrscht. Ohne Vorschriften herrscht Unordnung.«

»Dann schlage ich Ihnen etwas vor: tauschen wir unsere Karten. Dann setze ich mich auf Ihren Platz, und Sie sich auf meinen. Auf diese Art und Weise verletzen wir nicht die Vorschriften, weil die Fahrkarten ja nicht namentlich ausgegeben werden, sondern auf den Besitzer. Was sagen Sie dazu?«

Er schwieg einen Augenblick lang überrascht.

»Und warum eigentlich?«

»Weil ich gern am Fenster sitze. Und Sie?«

Ich wartete auf die Antwort. Wenn er es eingestehen würde, wäre er gerettet.

»Aber die Nummer neununddreißig ist meine Nummer!«

»Ich verstehe, es wäre Manipulation. Naturgemäß können Vorschriften nicht absolut genau sein, aber das heißt noch lange nicht, daß man sie manipulieren darf. Ist es nicht so?«

»Na sicher…«

»Das heißt, daß Sie die Vorschriften mit der Vorsehung identifizieren.«

»Mit was?«

»Mit der Vorsehung, mit dem Schicksal. Vorschriften eliminieren die Beliebigkeit, das heißt den Zufall, das heißt das Chaos, also sind sie eine Erscheinung der Vorsehung, die Stimme des Schicksals.«

»Sie benennen das irgendwie…«

»Ich sage dasselbe wie Sie, nur mit anderen Worten. Sie sagen: Ordnung. Ich sage: Vorsehung. Sie sagen: Unordnung, ich sage: Chaos. Aber das läuft auf dasselbe hinaus. Also haben Vorschriften etwas Göttliches an sich. Jetzt verstehe ich, weshalb sie Ihnen heilig sind.«

»Vorschriften, mein Herr, sind Vorschriften, und basta.«

»Ausgezeichnet«, sagte ich und schloß die Augen zum Zeichen, daß es nichts mehr zu reden gab. Und so war es tatsächlich.

Als der Koffer runterfiel, sank er auf den Boden, an der Stirn von der Metallkante getroffen. Ich dachte, er sei ohnmächtig geworden, und schwöre, daß ich das nicht gewollt hatte, schon allein deshalb, weil ich jetzt nicht wußte, was ich tun sollte. Wie weckt man Ohnmächtige auf? Und überhaupt, so ein Ärger... Als ich mich ratlos umsah, bemerkte ich die Notbremse mit einem Täfelchen: »Im Notfall ziehen«. Es war ein Notfall, und wenn ihm niemand Erste Hilfe erteilte, würde sich sein Zustand verschlechtern. Ich zog die Notbremse.

Aufgrund dessen hatte der Zug eine zweistündige Verspätung, was ein Chaos im Fahrplan des gesamten Bezirks verursachte. Diese Verletzung der Ordnung brachte aber überhaupt nichts, weil er, wie sich dann herausstellte, sofort tot gewesen war. Ich aber hatte mich die ganze Zeit den Vorschriften entsprechend verhalten und hatte mir nichts vorzuwerfen.

## Gedankentitanen

Leider kann ich nicht sagen, daß die Kollegen oder die Regierung mich für einen bedeutenden Menschen von besonderer Geistesgröße hielten. Ich beschloß also, ihnen zu zeigen, daß sie sich irren. Und ich dachte folgendes: Man muß sich irgendein philosophisches System ausdenken oder irgendeinen neuen Gedanken erfinden und im Büro darauf anspielen, dann würden sie mich achten. Aber was sollte ich tun, wenn mir nichts Besonderes in den Sinn kam außer ›Ach ja, das Leben, das Leben.‹

Da ging mir durch den Kopf, daß schließlich große Denker, Dichter und Philosophen auf der Welt gelebt hatten, von deren Lebenswerk ich profitieren könnte. Ich ging also zum örtlichen Lehrer und fragte ihn, wie und was. Der Lehrer sagte: »Hm, es gab da zum Beispiel so einen Goethe.«

Ich nickte.

»Von mir aus Goethe. Was hat er denn so Tolles gesagt?«

»Goethe hat gesagt: ›Mehr Licht!‹ Bis heute schätzt man ihn.«

»In Ordnung. Wenn Sie für ihn garantieren...«

Am nächsten Tag hatte der Präsident eine Besprechung. Danach fragte er nach beliebigen Vorschlägen. Ich stand auf und sagte ruhig: »Mehr Licht.«

Der Präsident errötete und sagte süßlich: »Was? Drücke ich mich denn nicht klar genug aus?«

Ich lief mit den Vorwürfen zu dem Professor. Der war sehr bekümmert und empfahl mir den berühmten Satz von Galilei:

›Und sie bewegt sich doch.‹ Diesmal drohte mir der Präsident direkt, daß ich für solche Verleumdungen einen Prozeß haben könnte, ganz zu schweigen von einer Kündigung. Ich verlor meinen Glauben an die großen Leute. Der Professor überredete mich zu einem letzten Versuch, und wir suchten uns Sokrates aus. Das ist immerhin der größte Weise des Altertums, und den Satz hat er auch sehr vorsichtig ausgedrückt: ›Ich weiß, daß ich nichts weiß.‹

Aber am nächsten Tag im Büro verlor ich den Mut, und statt das ganze ›Ich weiß, daß ich nichts weiß‹ rauszuschmettern, sagte ich nur: »Ich weiß was…« So für alle Fälle, um mich noch zurückziehen zu können.

Alle schwiegen. Da fühlte ich mich ein bißchen besser, und ich wiederholte: »Aber ich weiß was, jaha…«

Wieder nichts. ›Das ist gut‹, dachte ich, ›es scheint, daß Sokrates ankommt.‹

Es verging keine halbe Stunde, daß ich

zum Präsidenten gerufen wurde. ›Das ist das Ende‹, dachte ich. ›Der Präsident kontra Sokrates, das geht nicht gut.‹

Der Präsident empfing mich im Stehen.

»Setzen Sie sich, lieber, lieber Kollege, setzen Sie sich. Vielleicht eine Zigarette? Ein Tee gefällig?«

Mir stockte das Blut in den Adern, aber ich dachte mir, jetzt sei das schon alles egal. Und schloß die Augen und schoß los: »Ich weiß was...«

»Dann vielleicht...«, und hier beugte er sich zu meinem Ohr hinunter. »Vielleicht einen Kognak? Wir haben einen Repräsentationsfonds...«

»Und ich weiß was ...« brummelte ich hartnäckig. Der Präsident krümmte sich, aber er richtete sich gleich wieder auf und flüsterte: »Ein Urlaub gefällig?«

»Und ich weiß was...«

Der Präsident stöhnte. »Urlaub plus Gehaltserhöhung.«

»Und ich weiß was...«

Der Präsident taumelte und sagte heiser: »Eine Gehaltserhöhung, Urlaub... und eine Prämie.«

»In Ordnung«, erklärte ich mich einverstanden. »Ich weiß, daß ich nichts weiß. Aber den Urlaub natürlich als bezahlten Urlaub.«

»Natürlich! Lieber Kollege! Wie ich mich freue, ich wußte, daß ich mich auf Sie verlassen kann.«

Und er geleitete mich zur Tür.

Auf diese Weise wurde ich endlich geschätzt.

Sokrates, der war schlau!

## Das neue Leben

Ich beschloß, ein neues Leben zu beginnen. Entschieden und unwiderruflich. Blieb nur die Frage: Ab wann?

Die Antwort ließ keine Zweifel offen: Ab morgen.

Als ich am nächsten Tag aufwachte, stellte ich fest, daß ja wieder heute ist, genauso wie gestern. Da ich mein neues Leben morgen beginnen wollte, konnte ich heute kein neues Leben anfangen.

›Noch ist nichts verloren‹, dachte ich mir. ›Morgen wird ebenfalls morgen sein.‹

Und ich verlebte den Tag ruhig, wie immer auf die alte Weise. Nicht nur ohne Gewissensbisse, sondern voller guter Gedanken und gesteigerter Hoffnungen.

Aber was sollte ich machen, als am nächsten Tag wieder heute war, ähnlich wie gestern und vorgestern?

›Das ist nicht meine Schuld‹, dachte ich, ›daß irgendein Teufel immer das Morgen in heute verwandelt. Mein Beschluß ist einwandfrei, unwiderruflich. Versuchen wir es noch einmal, vielleicht wird der Teufel müde, und morgen wird endlich morgen sein.‹

Leider war es nicht so. Immer nur heute und heute. Schließlich verlor ich die Hoffnung. ›Dieses Morgen wird nie kommen‹, dachte ich. ›Angesichts dessen könnte man das neue Leben nicht von morgen an, sondern von heute an beginnen.‹

Ich durchschaute aber sofort die Absurdität dieses Gedankens. Denn wenn sich dieses Heute unveränderlich schon seit ewigen Zeiten wiederholt, dann ist das schon sehr alt, und jedes Leben heute muß auch alt sein.

Ein neues Leben ist ein neues Leben, möglich ist es nur von neuem, also von morgen an, wenn es ein wirklich neues Leben sein soll.

Und ich ging mit dem ganz starken Vorsatz schlafen, daß ich von morgen an ein neues Leben beginne. Denn trotz allem gibt es doch immer irgendein Morgen.

## Das Geheimnis des Lebens

Ein Kollege kam zu mir – und wie das im Leben so spielt, saßen wir bei einer vollen Flasche zusammen, die nach einer gewissen Zeit nicht mehr voll war.

»Das Leben ist geheimnisvoll«, sagte der Kollege. »Diese Flasche zum Beispiel. Wer weiß, ob sie halb voll oder halb leer ist.«

»Vielleicht das eine und das andere?« schlug ich vor.

»Eben darauf beruht das Geheimnis, alles ist relativ, denn alles hängt vom Standpunkt ab. Nichts kann man kategorisch beurteilen.«

»Dann leeren wir sie doch, damit kein Zweifel bleibt.«

»Wir können sie leermachen, aber die Relativität bleibt. Was folgt daraus, daß die Flasche leer sein wird, wo sie doch voll war? Sie war, aber wird nicht sein; sie wird sein, aber war nicht. Die Zeit ist auch ein relativer Begriff.«

Ich spendierte ihm eine Zigarette in der Hoffnung, daß er das Geheimnis des Lebens vergaß. Er nahm sie, aber zündete sie nicht gleich an, hielt sie in der Hand und betrachtete sie gedankenverloren.

»Was folgt daraus, daß ich sie anzünde… Sie brennt, verbrennt und geht aus.«

Er zündete sie aber an, weil er immer nur meine Zigaretten raucht. Wie er auch nur meinen Wodka trinkt. Offensichtlich meint er, daß es ganz gleich ist, wer zahlt. Ich konnte ihm das nicht übelnehmen, weil er vom philosophischen Standpunkt aus recht hatte.

»Hab ich es nicht gesagt?« sagte er, als er meine Zigarette bereits aufgeraucht hatte. »Sie ist ausgegangen. Verschwunden, Asche,

Staub … Wie die Existenz. Hast du noch eine?«

Ich hatte, und ich gab sie ihm. Der Nachmittag verging. »Wie das Leben«, würde der Kollege sagen, wenn er nicht damit beschäftigt gewesen wäre, irgendwas in meinem Schrank zu suchen. Ich saß allein mit der Flasche, die zweifellos schon leer war. Ich hätte gern geraucht, aber ich hatte keine Zigaretten mehr.

»Der könnte gehen«, sagte der Kollege, als er in meinem Mantel vor dem Spiegel stand. »Aber er ist ein bißchen zu eng. Hast du keinen anderen?«

»Das ist mein einziger.«

»Na macht nichts, dann nehme ich eben den. Nur die Knöpfe mußt du ändern.«

»Wieso?«

»Ich mag lieber beigefarbene.«

»Ist das nicht ganz gleich, beige oder andere…«

»Eben! Wenn es nur andere sein könnten,

dann würde ich keine beigefarbenen wollen. Aber weil alles relativ ist, mache ich, was mir gefällt. Du willst mir ja wohl nicht sagen, daß du keine beigefarbenen Knöpfe hast…«

In diesem Moment klingelte es an der Tür. Ich ging, um zu öffnen. In der Tür stand Professor Einstein, der Erfinder der Relativitätstheorie. In der Hand hatte er einen Revolver.

»Lassen Sie mich zu ihm«, flehte er.

Ich gab seiner Bitte nach. Schließlich darf man einem älteren Menschen nichts abschlagen.

Das Gericht hat mir nicht geglaubt, daß es Einstein war, der meinen Kollegen erschossen hat, und nicht ich. Aber auch so wurde ich für unschuldig erklärt. Weil die Überzeugung, daß man – weil alles relativ ist – kein Individuum für seine Taten verantwortlich machen kann – zur allgemeinen Überzeugung wurde.

»Man darf niemanden kategorisch verurteilen«, wie der Selige zu sagen pflegte.

## Wachsfigurenkabinett

Ich ging ins Wachsfigurenkabinett. Ich war der einzige Besucher, denn diese Art von Unterhaltung gerät in Vergessenheit, da sie nicht sehr konkurrenzfähig im Vergleich zu den modernen visuellen Medien ist. Ich lief also durch die verstaubten, halbdunklen Kammern, erleuchtet waren nur die Nischen in den Wänden, ähnlich wie Schaufenster. Ich blieb vor Marie Antoinette stehen, die unbeweglich unter dem Guillotinemesser verharrte, das jeden Augenblick herunterfallen sollte, aber nicht fiel, also wartete ich nicht länger, sondern ging zu Marat in der Wanne, aber da passierte auch nichts, weil das von

Charlotte Corday über ihm schwebende
Messer eben auch nur hoch erhoben blieb.
Bei John F. Kennedy schien es etwas besser
zu sein, aber auch nicht wirklich, weil, da war
schon alles passiert: Der Präsident lag auf den
Sitzen seines Autos, er war schon erschossen,
es lohnte sich nicht mal mehr, auf irgendwas
zu warten. In der Abteilung für Denker und
Erfinder herrschte unendliche Langeweile.
Benjamin Franklin wird in dem Augenblick
gezeigt, in dem er den Blitzableiter erfindet – nur sein Gesicht zeigt, daß er ihn tatsächlich erfindet, wenn da wenigstens irgendein Blitz – aber woher denn? Charlie
Chaplin ist besser im Kino als aus Wachs,
was ist ein Charlie Chaplin wert, der sich
nicht bewegt? Verdrossen begab ich mich
zum Ausgang, das heißt in den letzten Saal,
der der Gegenwart gewidmet ist. Aber Gegenwart haben wir im Fernsehen, also sah
ich gar nicht mehr hin und wollte schon raus-
gehen, als ich plötzlich... »Pssst...« hörte.

Das Flüstern kam von einem Diktator, der noch vor gar nicht langer Zeit viel Platz in den Fernsehnachrichten eingenommen hatte. Aber später floh er und verschwand spurlos, weil eine Revolution begonnen hatte. Der Diktator war aus Südamerika oder auch vom Balkan, ich erinnere mich nicht mehr genau, weil man schließlich so viele Dinge jeden Tag sieht, und mit Uniformen kenne ich mich nicht aus.

»Pssst ...« hörte ich wieder, und dann, was schließlich sehr ungewöhnlich für eine Wachsfigur ist, winkte er mir mit dem Finger, näher zu kommen. Vielleicht haben sie doch irgendeinen elektronischen Trick installiert, um diese altmodische Leichenhalle ein bißchen zu beleben? »Ich habe eine Bitte«, sagte die Wachsfigur mit einer völlig menschlichen Stimme. Wenn das elektronisch war, dann war es gar nicht schlecht. Ich trat ihm ans Schienbein, um mich zu überzeugen, mit wem ich es zu tun hätte.

»Ich bin lebendig! Nicht treten!« schrie er und faßte sich an die schmerzende Stelle. »Ich verstecke mich hier.«

Ich dachte: ›Na endlich was Interessantes, sogar was Außergewöhnliches.‹

»Womit kann ich Ihnen dienen?«

»Könnten Sie nicht bitte laut brüllen ›Er soll leben!‹«

»Wer?«

»Ich.«

»Aber Sie leben doch schon.«

»Das reicht mir nicht. Ich möchte gerne hören, daß mir das jemand wünscht. So viele Jahre lang haben alle geschrien ›Er soll leben!‹, und ich habe mich daran gewöhnt. Ohne das kann ich gar nicht mehr.«

Offensichtlich konnte er tatsächlich nicht mehr, da er riskiert hatte, sein Versteck zu verlieren. Ich konnte ihn ja schließlich verraten.

»Ich werde nicht schreien.«

Er fiel vor mir auf die Knie.

»Nur ein einziges Mal, ich flehe Sie an!«

»Ausgeschlossen!«

»Warum? Sind Sie ein Gegner der Diktatur?«

»Nein, Politik interessiert mich nicht.«

»Wieso dann nicht?«

»Das ist meine Angelegenheit.«

Ich ging auf die Straße. Ich war sehr zufrieden mit mir.

Natürlich werde ich ihn nicht verraten. Soll er sich nur weiter verstecken und weiter leiden. Ich habe vergessen zu sagen, daß ich ein Sadist bin. Wer sonst ginge ins Wachsfigurenkabinett?

## Die Suppe

In einem Restaurant dritter Kategorie erschien ein Gast und bestellte ein Mittagessen in zwei Gängen. Es verging eine Stunde, und als man ihm endlich die Suppe brachte, äußerte der Gast die Meinung, daß die Suppe bereits kalt sei. Der Kellner widersprach. Der Gast rief ihn also herbei, damit er sich persönlich überzeuge. Der Kellner gehorchte der Aufforderung und untersuchte die Temperatur der Suppe mit Hilfe seines Zeigefingers. Da schlug der empörte Gast den Kellner so unglücklich mit seiner Gabel, daß dieser starb, ohne das Bewußtsein wiederzuerlangen.

War die Suppe wirklich kalt? Der Totschläger behauptete, ja, der Direktor des Lokals widersprach entschieden. »Die Suppe war heiß«, behauptete die Direktion. »Ihre Temperatur unterlag nur deshalb einer Abkühlung, weil der Kellner, als er seinen Finger in die Suppe hielt, bereits eine kalte Leiche war und auf diese Weise unabsichtlich ihre Temperatur verminderte. Also war der Gast irgendwie selbst schuld!«

Gegen diese Behauptung sprachen andere Indizien. Warum, sagten viele Zeugen, hat der Totschläger nicht vorher auf die Suppe gepustet?

»Er wollte sich ein Alibi verschaffen«, entgegnete die Direktion des Lokals. »Dagegen«, so behauptete die Direktion des Lokals, »hat das Opfer, der Kellner, auf die Suppe gepustet, bevor er seinen Finger hineinsteckte. Warum? Weil der Kellner wußte, daß die Suppe heiß ist und er Angst hatte, sich zu verbrennen.«

Hatte der Kellner jedoch tatsächlich gepustet? Diese Aussage konnte nur der Be-
troffene machen. Leider schwieg der für immer.

Die Position des Angeklagten schwächte
die Tatsache, daß es nicht gelang, den Fin-
gerabdruck des Fingers in der Suppe zu sichern. Es gab also nicht einmal einen Beweis,
daß der Kellner seinen Finger in die Suppe
getunkt hatte.

Im Verlauf der Untersuchung traten neue
Zweifel auf: Warum hat das Opfer die Suppe
nicht oral probiert, sondern nur einen Finger
hineingetaucht?

»Wahrscheinlich aufgrund des unappetit-
lichen Aussehens des Gerichts«, behauptete
die Verteidigung. Aber auch diese Annahme
wurde vom Direktor des Lokals entkräftet,
der unter Eid aussagte, daß die Suppe vor-
züglich ausgesehen habe. Aber es fehlte noch
immer die Antwort auf die prinzipielle
Frage: War die Suppe kalt oder heiß? Also

eine Leiche wegen einer kalten Suppe, oder eine Suppe wegen einer kalten Leiche? War die Leiche kalt, oder war die Suppe kalt?

Die Untersuchung wird fortgesetzt. Ob die Kriminologie dieses faszinierende Rätsel je lösen wird? Vielleicht. Aber bis jetzt ist nur eins sicher: Am besten ißt man zu Hause.

## Der Koffer

Um Mitternacht stieg ich aus dem Zug, aber der Koffer war zu schwer, als daß ich ihn hätte weiter tragen können. Ich stand neben ihm auf dem Bahnsteig und sah mich ratlos um. Die Reisenden gingen an mir vorbei und verschwanden in der Unterführung mit dem Schild: AUSGANG ZUR STADT. Bald darauf war niemand mehr in der Nähe.

Da erschien ein Gepäckträger. Wortlos nahm er meinen Koffer und trug ihn ohne jede Anstrengung zum Ausgang. Ich lief ihm hinterher und wischte mir heimlich eine Träne der Dankbarkeit ab.

Vor der Treppe, die zur Unterführung

führte, blieb er stehen und überlegte: »Was weiß ich ...« Er sagte das wie zu sich selber.

»Was wissen Sie nicht?« beunruhigte ich mich. Der Mann stand mir nahe.

»Ob es sich für mich bezahlt macht«, und er stellte den Koffer auf den Bahnsteig.

»Aber ja! Ich zahle den doppelten Preis. Es ist schließlich Nacht, Ihnen steht ein Zuschlag für Nachtarbeit zu. Nachtarbeit ist sehr ungesund.«

»Das ist eine Sache. Aber ich habe eine Frau, Kinder ... ich sollte jetzt dort sein, bei ihnen und nicht hier auf dem Bahnsteig mit Ihnen. Sie sind ja schließlich für mich ein Fremder.«

Das war wahr. Er sah mich zum ersten Mal in seinem Leben. Und trotzdem zog er es vor, die Zeit mit mir zu verbringen und nicht mit der Familie. Ein geheimnisvolles Fluidum? Eine Seelengemeinschaft? Ich fühlte mich auserwählt, aber auch schuldig. »Ich zahle den dreifachen Preis, für die Trennung von der Familie.«

Er seufzte, hob aber den Koffer hoch und ging die Treppe nach unten, mit gesenktem Kopf, als ob er die ihm selbst unverständliche Schwäche bedauerte, die ihm befahl, mich zu wählen, und nicht seine eigenen Kinder.

Wir liefen jetzt durch den Tunnel, in dem unsere Schritte ein beunruhigendes Echo erzeugten. Vor der Treppe blieb er wieder stehen und warf mir einen traurigen Blick zu.

»Steil«, sagte er.

»Einen Zuschlag für die Steigung?«

»Na klar, aber es zieht mir ein wenig im Rücken.«

»Dann helfe ich Ihnen, wenn Sie erlauben. Wir tragen ihn zusammen.«

Auf der halben Treppe blieb er stehen. Ich ebenfalls, weil wir den Koffer jetzt gemeinsam trugen.

»Im vorigen Jahr gab es bei uns einen Hagelschauer«, informierte er mich, scheinbar ohne jeden Zusammenhang mit der Situation.

»Vielleicht ruhen Sie sich etwas aus?«

»Vielleicht.«

Er setzte sich auf die Treppe. Eine längere Zeit verging schweigend, aber es sah nicht so aus, als habe er die Absicht aufzustehen.

»Wissen Sie was? Sie bleiben hier noch sitzen, und ich schleppe in der Zwischenzeit den Koffer irgendwie nach oben und warte auf Sie, was?«

Er antwortete nicht. Ich nahm keine Antwort als Einverständnis und schleppte den Koffer bis zur letzten Stufe und sah mich um. Er saß immer noch da.

Ich hatte keine Wahl. Ich kehrte um, nahm ihn auf meine Schulter und trug ihn nach oben. Dann war es schon leichter, denn es war ebenerdig. Ich bewegte mich in die Richtung des Schildes TAXI.

»Und der Koffer?« erinnerte er mich gerade rechtzeitig.

Ich kehrte um, den Koffer zu holen. Vor dem Bahnhof warteten Taxis. Er kletterte, das mußte man zugeben, beim allerersten von mir herunter.

»Es fehlt noch was für die Bemühung«, sagte er, als er sein eingenommenes Geld zählte.

»Danke, nicht nötig«, antwortete ich höflich und verlor das Bewußtsein.

## *Auf dem Zeltplatz*
### Kriminalgeschichte

Ich fühlte mich bedroht. Eine ständige Angst umgab mich. Ich fürchtete mich vor den Menschen.

Ich hatte eine solche Sehnsucht nach Sicherheit, daß der Gedanke an ein Asyl richtig zu einer Zwangsvorstellung wurde. Obwohl ich ein freier Mensch war, freute ich mich nicht so über dieses Privileg, wie es sich gehörte. Was konnte ich von den Menschen, die ich traf, erwarten? Sie drängten mir nacheinander ihre Gegenwart auf, aber sie verrieten nicht ihre wirklichen Absichten. Das verstärkte meine Unruhe noch. Mit innerem Zittern und mit Krämpfen bereitete ich mich auf jede Begegnung vor. Wenn ich zum Beispiel auf einer Grünanlage stand und von weitem eine Gestalt sah, die auf mich zukam – das Gesicht schon für ein Begrüßungslächeln zurechtgelegt, die Hand schon ausgestreckt –, dann hoffte ich eine Sekunde lang verzweifelt, sie möge noch umkehren und mich allein lassen. Aber immer kam es zu der Begegnung, zu einer Gemeinsamkeit, zu Anpassung, und eine dunkle Drohung zog sich über unseren Häuptern zusammen, selbst wenn das Wetter an diesem Tag wer weiß wie schön war.

Irgendwohin fahren – in die Wüste? Aber das ist noch schlimmer. Nein. In die Einöde, um den ganzen Tag Ausschau zu halten, ob nicht zufällig ein Mensch naht?

Die Gefahr stürmte von allen Seiten auf mich ein, bis es schließlich nicht mehr auszuhalten war.

Ich kaufte mir ein Zelt, verschiedene Gerätschaften, die man zum Zelten braucht, und begab mich zur Polizeikommandantur. In einer Ecke der Wachstube, unweit der Balustrade, hinter der Tag und Nacht ein Sergeant Wache hielt, schlug ich mein Zelt auf. In dem Raum war es stickig. Der Fußboden, der von einer staubbindenden Schmiere und von Schmutz gesättigt war, verströmte einen unangenehmen Geruch. Das Fenster ging auf eine blinde Mauer. Selbst tagsüber herrschte hier Halbdämmerung, nachts machte eine nackte, schmerzhaft blendende Glühbirne jeden Riß und jeden Fleck auf der schmutzigen Wand sichtbar. Zwischen den Holzlatten der Schranke, die die Wachstube unterteilte, sah ich die ständig verstaubten Stiefel des Sergeanten; der Absatz seines linken Stiefels war weiter runtergetreten als der rechte. Aber ich verspürte zum erstenmal ein Gefühl von Sicherheit, Schutz und Ruhe.

Auf der Straße, selbst in der Nähe der

Kommandantur, sogar auf der Treppe konnte mich jeder bestehlen, ins Gesicht schlagen oder umwerfen. Was würde es mir nützen, daß ich dann die Polizei rufen könnte, was hätte ich selbst davon, wenn sie rechtzeitig erschiene und den Verbrecher festnähme? Hier konnte ich mich endlich erholen. Ich selber sein.

In die Wachstube wurden Menschen gebracht, deren bloßer Anblick mir woanders Angstzustände bereitet hätte. Verbrecher, Säufer und Randalierer mit muskulösen Schultern. Nicht nur, daß ich hier keine Angst vor ihnen hatte – sie waren ja gebändigt –, sondern ich begann sogar, ein sonderbares Vergnügen zu empfinden, wenn ich sie erblickte.

So bemerkte ich nachts oftmals in den Augen derer, die auf der Bank auf ihr Verhör warteten, einen Ausdruck von Qual, den mein adrettes kleines Zelt bei ihnen erweckte. Was für Gefühle zeichneten sich

auf diesen Gesichtern ab, die von Missetaten und Maßlosigkeit geprägt waren, wenn sie meine bunten Decken, die glänzenden Kasserollen, die Plastikbecher, mein ganzes bewegliches Anwesen betrachteten, das von Gesundheit, Heiterkeit und einer sauberen, hygienischen Lebensweise zeugte. Haß, professionelle Begierde, die Folter und Qual einer brutalen, zerstörerischen, jetzt aber gezähmten Kraft. Ich betrachtete sie stundenlang, wenn ich auf der meisterlich aufgeblasenen Luftmatratze unter einem sauberen weißen Bezug lag, den ich bis zum Kinn hinaufzog. Das Unrecht ergriff Besitz von mir. Der Sadismus eines schwachen Menschen, der von einer künstlichen, bürokratischen Macht geschützt wird. Es ging so weit, daß ich enttäuscht war, wenn die Polizisten manchmal nichts zu tun hatten. Mit besonderer Aufregung erwartete ich jede Nacht von Sonnabend auf Sonntag. Dann füllte sich der Raum bis in den kleinsten Winkel;

ich kochte mir nach Touristenart meinen Tee
in einem metallenen Ei mit Löchern – direkt
vor den Füßen von Menschen mit starken
Leidenschaften. Die stürmischen Wellen der
Nacht hatten sie hierhin verschlagen, aus
den Abgründen der Stadt, die hinter den
gemütlichen Wänden der Wachstube lauerte.
Es waren schließlich Verbrecher.

In einer dieser Nächte wurde ein betrun-
kener Mann von besonders abstoßendem
Äußeren hereingebracht. Affenartige breite
Schultern, unter einer niedrig hängenden
Stirn versteckte Augen. Vor einem Augen-
blick hatte er einen Menschen getötet.

»Ich bin unschuldig«, sagte er sofort zu
Beginn des Verhörs.

»So?« entgegnete der Sergeant darauf.
»Dann können Sie uns sicher sagen, wer der
Mörder war?«

»Er«, sagte der Verbrecher und zeigte auf
mich. »Er!«

Natürlich war die Anklage unsinnig. Ich

glaube, daß sich die Polizisten dessen wohl auch bewußt waren.

Ich öffnete gerade eine Dose eingemachter Marmelade, als man ihn hinausbrachte. Mein Gott, wohin würde es führen, wenn man jedem Mörder glaubte!

»Er, er ist es!« schrie der da in seiner Zelle.

»Ich gehe ein Bedürfnis verrichten, ich komme gleich wieder«, sagte ich zu dem Sergeanten.

Ich legte mich im Korridor auf die Lauer. Erleichtert stellte ich fest, daß draußen keine Wache stand. Ich ließ mein Zelt, das so gewissenhaft eingerichtet war, im Stich – und floh.

Ich floh in die Dunkelheit, die von feuchtem Wind und dem Schaukeln der Straßenlaternen erfüllt war.

## *Damokles*

M ein Vater betrat die Diele und reinigte sich ganz automatisch die Schuhe auch noch auf dem zweiten Fußabtreter, dem besseren, der sich innerhalb der Wohnung befand. Der erste, aus einem Lumpen hergestellte, lag vor der Tür im Treppenhaus.

In der Diele war es gewöhnlich dunkel. Licht erhielt sie nur durch die Schlafzimmertür, deren obere Hälfte aus Milchglas bestand. Aber an diesem Tag mußte er voll Beunruhigung einen neuen Schein wahrgenommen haben, oder genauer gesagt den Abglanz eines Scheines, der gerade noch feststellbar war und die Düsternis keineswegs erhellte. Er blieb, immer noch in seinem marengofarbenen Mantel, stehen und suchte nach der Quelle seiner Unruhe.

Er fand sie erst nach einer kleinen Weile, wie das gewöhnlich der Fall ist, wenn sich der unbekannte, aber gesuchte Gegenstand oberhalb unseres gewöhnlichen Blickfeldes befindet.

Aus dem dichtesten Dunkel unterhalb der Decke tauchte, senkrecht mit der Spitze nach unten hängend, ein nacktes Schwert.

Der große quadratische Raum diente zum Ablegen der Überschuhe und Mäntel an der Flurgarderobe, auch standen in der Ecke Koffer mit alten Sachen. All das hatte plumpe, undeutliche, im Halbdunkel verschwimmende Formen. Jetzt schwebte darüber, hell und kühl, das vollkommen gerade Schwert, mit einer die Klinge entlanglaufenden Rille. Das ganze Schwert schien in diese Spitze zu münden, in diesen Punkt an der Grenze von Metall und Luft, der so erschreckend war, daß es einen im Nacken kribbelte, wenn man länger auf ihn schaute.

Mitten in der Diele hing es an einem Haar.

Der Vater war empört. Er wußte nicht, handelte es sich um eine Nachlässigkeit oder um einen dummen Scherz. Um den Übeltätern keine Genugtuung zu geben, zeigte er nicht, wie sehr ihn die Sache beschäftigte.

»Franziska, räumen Sie das Ding weg«, rief er mit gespielter Lässigkeit in die Küche. Er drückte sich die Wand entlang, hängte seinen Mantel auf den Kleiderbügel und verschwand im Speisezimmer.

Ich beobachtete die ganze Szene vom Badezimmer aus, wo sich auch das Klosett befindet. Licht hatte ich nicht gemacht. Ich suchte diesen Raum gerne auf, weil sich dort einzelne Seiten aus Romanen befanden, von denen man annahm, daß sie von den Kindern zwar nicht verstanden würden, aber dennoch in ihnen eine vorzeitige Unruhe wecken könnten. Um jene Bücher zu vernichten und nicht in meine Hände gelangen zu lassen, wählten meine Eltern diesen praktischen, aber, wie sich zeigte, erfolglosen Weg.

Für einen Augenblick war die Diele leer. Während ich im völligen Dunkel stand, sah ich, wie die Schneide sich in dem unbewegten Zwielicht als schwacher, an einen unterirdischen See erinnernden Schein auf dem schwarzen, frisch gewachsten Linoleum abzeichnete.

Franziska, das Dienstmädchen, nahm das Schwert nicht ab. Es hänge zu hoch, murmelte sie. Es gab einen Auftritt. Franziska verließ uns. Ich war noch ein Kind. Daß der Vater sich selbst nicht zu helfen wußte, obwohl er doch sonst häufig mit hochgekrempelten Ärmeln am Ausguß herumhantierte oder an den Sicherungen neben dem Zähler, und daß auch keine Handwerker kamen, die alles mit beruflicher Fertigkeit und Erfahrung in Ordnung zu bringen wissen, das gab mir damals keineswegs zu denken und ver-

wunderte mich nicht. Ich lag auf meinem Lieblingsplatz, dem Teppich im Speisezimmer, las Fetzen eines verbotenen Romans und schaute durch die halboffene Tür ins Zwielicht der Diele. So wartete ich auf die Rückkehr des Vaters. Geräuschvoll reinigte er seine Schuhe, als wolle er keinen Verdacht aufkommen lassen, daß er Angst habe.

Unsere seltenen Gäste wurden loyal gewarnt: »Bitte hier die Wand entlang. Wir halten es für alle Fälle und auch als Schmuck.« Hätten wir zum Bohnern nicht einen langstieligen Besen gehabt, so wäre die Dielenmitte niemals gewachst worden. Sie hatte jedoch immer ihren gleichen schwarzen Glanz und unterschied sich von ihrer Umgebung nur in meiner Vorstellung.

Ich lag klein zwischen den Mustern des Teppichs und hielt dieses gelbe Buch, von dem ich nicht wußte, wie es hieß, begann und endete, in den Händen, ohne darin richtig zu lesen. Da ich alles, was ins Badezimmer geliefert wurde, eifrig durchforschte, war ich schließlich auch der Illustrationen habhaft geworden. Eine weiße, nackte Gestalt streckte ihre Beine über die Balustrade eines Balkons, eine zweite, ebenfalls nackte, wenn auch etwas anders, rang die Hände. Im Alkoven befand sich ein Bett und am Himmel die Sichel des Mondes. Das Bild war schwarzweiß.

Manchmal kam es vor, daß ich einen langen Nachmittag über allein in der Wohnung war. Dann öffnete ich alle Türen, die auf die Diele führten. Aus jedem Winkel der Wohnung sah ich im Halbdunkel die klare, einfache und immer unbewegte Schneide mit ihrem tiefen, reinen Glanz. Die völlige Einheit ihrer Gestalt, ihres Stoffes und ihres inneren Leuchtens zogen mich mehr an als der aufdringlich rote Schein der Sonnenuntergänge im Schlafzimmerspiegel.

Vater erstickte während des Abendessens an einer Fischgräte. Noch heute ist es mir peinlich, wenn ich daran denke, daß er auf eine solche Weise ums Leben kommen mußte, während unmittelbar daneben in der Diele von der Decke an einem Haar das nackte Schwert hing.

## K. Selbstlos

Ich fand eine Anzeige in der Zeitung: »Ich übernehme für alles die Verantwortung. Niedrige Preise! Erleichterungsstraße 6, 2. Treppenaufgang im Hof, 4. Stock links.«

Ich hatte mich gerade beim Rasieren geschnitten und suchte jemanden, der schuld daran war. Da ich unverheiratet bin, hatte ich in meiner Wohnung niemanden zur Hand, und Passanten zu belästigen, ist albern. Also ging ich zu der angegebenen Adresse.

An der Tür war ein Schild K. SELBSTLOS und mit Bleistift war dazugeschrieben: »Bitte laut klopfen oder mit dem Fuß treten.«

Mich empfing ein nicht sehr großer Mann mit Bart. Ich legte ihm die Angelegenheit dar.

»Kleinigkeit«, sagte er. »Da nehme ich schon die Schuld für ganz andere Sachen auf mich. Das kostet hundertzwanzig.«

»So billig?«

»Sie wundern sich? Ich auch. Aber mehr kann ich nicht nehmen, weil ich eine unfaire Konkurrenz habe.«

»Was Sie nicht sagen, ich dachte, Sie sind der einzige in der Branche.«

»Aber woher, ich kann kaum überleben, und das alles wegen denen.«

»Deretwegen?«

»Sie wissen nichts?« Und er senkte seine Stimme. »Sie hätten mich längst erledigt, wenn ich nicht noch ein paar alte Kunden hätte. Aber es werden immer weniger, immer weniger. Sie haben das ganze Geschäft übernommen.«

»Wer?«

»Was heißt wer? Die Juden. Und das schlimmste ist, daß sie völlig umsonst arbeiten.«

Ich hatte eine Erleuchtung. Daß ich daran nicht früher gedacht hatte! Ich drehte um und raste wie ein Blitz aus der Wohnung des K. Selbstlos.

»Hundertzehn!« rief er mir über das Geländer gebeugt nach, als ich die Treppe hinunterlief. »Achtzig! Na gut, nur dreißig, bitte, nur dreißig, dann können Sie mich auch noch schlagen, aber billiger kann ich es nicht machen.«

Er war nicht teuer, das muß ich zugeben, aber ich bin doch nicht blöd. Wieso soll ich etwas bezahlen, wenn es woanders gratis ist?

## Die Fliege

Eine Fliege quälte mich. Ich verjagte sie, aber sie kam zurück, ich verjagte sie also wieder. Schließlich sagte sie: »Nein, das ist es nicht. Ich warte, bis...«

Sie flog weit weg und ließ sich auf einem toten Hund nieder.

»Bis was?« fragte ich.

Sie antwortete nicht. Und ich drang nicht weiter in sie, denn ich fürchtete, die Antwort zu kennen.

## Die Schatzinsel

W ir schlugen mit Macheten einen Weg durch den Dschungel und schoben uns langsam zur Mitte der Insel vor. Endlich waren wir auf dem richtigen Pfad. Noch eine, eine letzte Anstrengung, und wir würden den legendären Schatz des Kapitän Morgan finden.

»Hier ist es«, sagte Gucio, mein Kumpel, und schlug die Machete in die Erde, unter einem breiten Baobab, an einem Ort, der auf einem chiffrierten Plan einst eigenhändig vom Kapitän mit einem Kreuz bezeichnet worden war.

Wir warfen die Macheten weg und nah-

men den Spaten. Bald darauf gruben wir ein menschliches Skelett aus.

»Stimmt«, sagte Gucio. »Unter dem Skelett müßte die Truhe sein.«

Sie war da. Wir zogen sie aus der Grube und stellten sie unter den Baobab. Die Sonne stand im Zenit, aufgeregte Affen sprangen von Ast zu Ast, das Skelett fletschte die Zähne. Schwer atmend setzten wir uns auf die Truhe.

»Fünfzehn Jahre«, sagte Gucio.

So viele Jahre waren vergangen, seit wir mit der Schatzsuche begonnen hatten.

Wir machten die Zigaretten aus und wandten uns den eisernen Brechstangen zu. Die Affen kreischten immer lauter, genau wie die Papageien. Endlich gab der Deckel nach.

Auf dem Boden der Truhe lag ein Zettel, auf dem geschrieben stand: »Ihr könnt mir den Arsch küssen, Morgan.«

»Das Ziel ist nie wichtig«, sagte Gucio,

»nur die Anstrengung, das Ziel zu erreichen, zählt, und nicht das Ziel an sich.«

Ich erschlug Gucio und kehrte nach Hause zurück. Ich mag belehrende Sprüche, aber ohne Übertreibung.

## Der Europäer

Als das Krokodil in mein Schlafzimmer kroch, dachte ich, man muß ja nicht übertreiben.

Ich meinte damit nicht das Krokodil, sondern mich. Denn mein erster Reflex war, nach dem Telefon zu greifen und alle drei Alarmnummern zu wählen: die Polizei, die Feuerwehr und den Notarzt. Aber eben gerade eine solche Reaktion schien mir übertrieben. Da ich ein im kartesianischen Geist erzogener Europäer bin, hege ich einen Abscheu gegen Extreme, ich denke rational und unterliege keinen Impulsen, ohne sie vorher analysiert zu haben.

Ich steckte also den Kopf unter die Decke und machte mich an die geistige Arbeit.

Erstens, legte ich fest, das Erscheinen eines Krokodils in meinem Schlafzimmer ist absurd, dem logischen Denken gemäß dient das Absurde nur dazu, es von dem weiteren Verständigungsweg auszuschließen. Das heißt, es gibt kein Krokodil. Von dieser Schlußfolgerung beruhigt, guckte ich unter der Decke hervor, dank dessen ich gerade noch erblickte, wie das Krokodil die Schnur des Telefons anknabberte, das es vorher schon verschluckt hatte. Selbst wenn ich durch den Schlund in den Bauch des Krokodils gefaßt hätte und eine der Notnummern gewählt hätte, wäre die Kommunikation schon abgebrochen gewesen.

Ich beschloß, mich zu der nächsten öffentlichen Telefonzelle zu begeben, um die entsprechende Abteilung des Kommunikationswesens von dem Defekt meines privaten Telefons zu benachrichtigen, was mir dann mit Hilfe einer Mannschaft von Spezialisten erlauben würde, mich mit der Institution zu verständigen, die dazu da ist, Krokodile zu entfernen.

Als zivilisierter Mensch konnte ich jedoch nicht im Schlafanzug auf die Straße gehen, das Krokodil aber beendete gerade das Verschlingen meiner Hose. Natürlich war das nicht das einzige Paar Hosen, über das ich verfügte. Trotz des meiner Meinung nach ungenügenden Lebensstandards hatte ich noch ein Paar Hosen im Schrank. Leider befanden sich die, die ich beabsichtigte anzuziehen, weil sie am besten mit dem Umhang »Yves Saint Laurent« harmonisierten, nicht im Schrank, sondern in der chemischen Reinigung. Und wo war die Quittung, die meine Identität als Besitzer jener Hose bestätigte, ein Dokument, ohne das sich das Abholen meiner Hose aus der Reinigung als unmöglich erweisen würde? Ich begann die Quittung zu suchen, etwas hinkend, weil das

Krokodil mir inzwischen ein Bein abgebissen hatte. Ich schenkte dem Bein keine Beachtung, weil meine Sorge um die Hose wuchs. Das Krokodil wollte mir gerade das zweite abbeißen, als ich die schreckliche Wahrheit ahnte: Es hat die Reinigungsquittung mitsamt der Hose aufgefressen und ich würde die Hose nie wiederbekommen.

Ich habe das Krokodil mit bloßen Händen erwürgt. Ich gestehe, daß ich brutal vorgegangen bin, und was noch schlimmer ist, unter dem Einfluß unkontrollierter Emotionen. Ich gestehe, daß ich, statt den konstitutionellen Institutionen zu vertrauen, auf eigene Faust gehandelt habe. Aber die Quittung von der Reinigung zu fressen?! Es gibt Situationen, in denen die Verteidigung der Zivilisation eine Überschreitung der zivilisierten Normen erfordert.

## Nachbemerkung von Jan Sidney

Wie sagte schon Goethes Faust: »Zwar weiß ich viel, doch möcht' ich alles wissen.« Um so erfreulicher ist es deshalb, daß nach dem überaus erfolgreichen Handbuch *Das Leben für Anfänger* nun *Das Leben für Fortgeschrittene* von Sławomir Mrożek erscheint. Denn auch in der vorliegenden Auswahl von 38 Geschichten erfährt man in prägnanter Form mehr über das Leben als in vielen seitenlangen Elaboraten.

Sławomir Mrożek selbst wird auch diesem Buch mit der ihm gewohnten Skepsis begegnen. Als nach dem Erscheinen von *Das Leben für Anfänger* eine Journalistin Mrożek interviewte, meinte der große polnische Autor: »Ich kann nicht vorausahnen, wie die deutschen Rezensenten und Leser reagieren werden.« Die Idee, seine besten Geschichten als ABC herauszugeben, war für ihn suspekt.

Ähnlich verunsichert war Mrożek, als ihm im

Herbst 2004 in Polen ein Preis verliehen wurde, der seine Verdienste um die »Verbesserung der *condition humaine*« würdigte. Der Geehrte meinte lapidar, die Begründung der Jury laute sicher nur deshalb so, weil halt irgend etwas habe geschrieben werden müssen. Der Preis machte Mrożek trotzdem nachdenklich: »Es stimmt zwar, daß ich für die Menschheit alles tue, was ich kann. Nur irgendwie zeigt sich die Menschheit davon unbeeindruckt – sie tut trotzdem, was sie will.«

Und liest zum Beispiel den zweiten Band mit den besten Geschichten von Sławomir Mrożek.

## Nachweis

Alle Erzählungen sind den sechs Bänden Prosa der Sławomir-Mrożek-Werkausgabe entnommen, die in 13 Bänden im Diogenes Verlag erschienen ist. *Der Falschspieler* (aus dem Polnischen von Witold Kośny) aus dem Band *Lolo* (2000); *Auf dem Zeltplatz* (ü: Christa Vogel), *Der Doppelgänger* (ü: Ludwig Zimmerer), *Hoffnung* (ü: Christa Vogel), *Sie* (ü: Christa Vogel) aus dem Band *Der Doppelgänger* (2000); *Damokles, Der Schwan* aus dem Band *Die Giraffe* (1992, ü: Ludwig Zimmerer); *Das Dreieck, Praxis, Das Jüngste Gericht, Die Zucht, Der Artist* aus dem Band *Mein unbekannter Freund* (1999, ü: Klaus Staemmler); *Sparsamkeit, Realistische Wirklichkeit, Das Dichterdenkmal, Der Preis des Ruhms, Der Perverse, Das Kommando, Der Schornstein, Die Zukunft, Der Misanthrop, Das neue Leben, Die Fliege, Der Europäer* aus dem Band *Der Perverse* (1995, ü: Christa Vogel); alle anderen aus dem Band *Die Geheimnisse des Jenseits* (1993, Ü: Christa Vogel). Die Zeichnungen von Chaval sind dem 2006 erschienenen Diogenes Cartoon Classic *Take it easy* entnommen.

*Bitte beachten Sie*
*auch die folgenden Seiten*

## Sławomir Mrożek
### im Diogenes Verlag

»Mrożek ist ein engagierter Schriftsteller – also hält er die Literatur nicht für eine erhabene Spielerei mit Worten, sondern für ein Mittel, auf die Menschen zu wirken. Er ist Humorist – also meint er es besonders ernst. Er ist Satiriker – also verspottet er die Welt, um sie zu verbessern. Er ist ein Mann des Absurden – also zeigt er das Widersinnige, um die Vernunft zu provozieren.«
*Marcel Reich-Ranicki*

»Mrożeks Gedanken sind so ungewöhnlich, daß sie jedem verständlich sind.«
*Gabriel Laub / Die Welt, Berlin*

»Mrożeks politische Parabeln sind von stupender Diagnostik.«   *Marianne Kesting / Die Zeit, Hamburg*

*Watzlaff und andere Stücke*
Aus dem Polnischen von Ludwig Zimmerer und Rolf Fieguth. Inhalt: *Nochmal von vorn, Die Propheten, Watzlaff*

*Emigranten und andere Stücke*
Deutsch von Christa Vogel. Inhalt: *Emigranten, Schlachthof, Buckel, Das Haus auf der Grenze*

*Amor und andere Stücke*
Deutsch von Witold Kósny und Christa Vogel. Inhalt: *Insel der Rosen, Fuchsquartett, Der Schneider, Amor, Zu Fuß, Die Rückkehr*

*Der Botschafter und andere Stücke*
Deutsch von Christa Vogel und M. C. A. Molnar. Inhalt: *Der Botschafter, Ein Sommertag, Alpha, Der Vertrag, Das Portrait, Die Witwen*

*Liebe auf der Krim*
Eine tragische Komödie in drei Akten. Deutsch von Christa Vogel

*Das dramatische Werk in sieben Bänden in Kassette*
Enthält die Bände: *Striptease, Tango, Watzlaff, Emigranten, Amor, Der Botschafter, Liebe auf der Krim*

*Die Giraffe und andere Erzählungen*
Erzählungen 1953–1959. Deutsch von Christa Vogel und Ludwig Zimmerer

*Die Geheimnisse des Jenseits und andere Geschichten*
Kurze Erzählungen 1986–1990. Deutsch von Christa Vogel

*Der Perverse und andere Geschichten*
Kurze Erzählungen 1991–1995. Deutsch von Christa Vogel

## Andrzej Szczypiorski
## im Diogenes Verlag

»Ich beschreibe die totalitäre Herausforderung des
zwanzigsten Jahrhunderts, weil das mein Leben,
meine Erinnerung und meine Erfahrung ist.«
*Andrzej Szczypiorski*

»Andrzej Szczypiorski belegt, daß der Roman keineswegs tot ist, daß menschliche Schicksale im doppelten
Sog der Geschichte und der Zeit noch immer, und
zwar auf höchstem Niveau, in der Romanform dar-
stellbar sind.« *Neue Zürcher Zeitung*

*Die schöne Frau Seidenman*
Roman. Aus dem Polnischen von
Klaus Staemmler

*Eine Messe für die Stadt
Arras*
Roman. Deutsch von Karin Wolff

*Amerikanischer Whiskey*
Erzählungen. Deutsch von Klaus
Staemmler. Mit einem Vorwort des
Autors zur deutschen Ausgabe

*Notizen zum Stand der
Dinge*
Deutsch von Klaus Staemmler

*Nacht, Tag und Nacht*
Roman. Deutsch von Klaus Staemmler

*Der Teufel im Graben*
Roman. Deutsch von Anneliese Dan-
ka Spranger

*Den Schatten fangen*
Roman. Deutsch von Anneliese Dan-
ka Spranger

*Selbstportrait mit Frau*
Roman. Deutsch von Klaus Staemmler

*Europa ist unterwegs*
Essays und Reden. Deutsch von Klaus
Staemmler und Winfried Lipscher

*Feuerspiele*
Roman. Deutsch von Barbara Schae-
fer

Außerdem erschienen:

Marta Kijowska
*Andrzej Szczypiorski*
Eine Biographie

## Diogenes Cartoon Classics
### Die besten Zeichnungen
### der besten Zeichner

»Von Diogenes verlegt zu werden ist für einen Karikaturisten fast so etwas wie ein Adelsprädikat.«
*Thomas Rothschild / Frankfurter Rundschau*

Chaval
*Take it easy*
Die besten Cartoons

Loriot
*Männer und Frauen passen
einfach nicht zusammen*

Jean-Jacques Sempé
*Für Gartenfreunde*

Tomi Ungerer
*Expect the unexpected*
Die besten Cartoons

F. K. Waechter
*Alles klar?*
Die besten Cartoons

Jean-Jacques Sempé
*Für Bücherfreunde*

In Vorbereitung:

Edward Gorey, Bosc, Paul Flora, Roland Topor…
und weitere Auswahlbände von Loriot und Sempé